"十三五"规划应用型系列教材
上海市应用型本科试点专业系列教材

资产评估模拟实验案例

郭　昱／主　编
舒　英／副主编

立信会计出版社
LIXIN ACCOUNTING PUBLISHING HOUSE

图书在版编目(CIP)数据

资产评估模拟实验案例 / 郭昱主编. —上海：立信会计出版社，2017.6(2024.2 重印)

“十三五”规划应用型系列教材　上海市应用型本科试点专业系列教材

ISBN 978-7-5429-5526-5

Ⅰ.①资… Ⅱ.①郭… Ⅲ.①资产评估—案例—高等学校—教材 Ⅳ.①F20

中国版本图书馆 CIP 数据核字(2017)第 165385 号

策划编辑　陈　旻
责任编辑　陈　旻
封面设计　南房间

资产评估模拟实验案例

ZICHAN PINGGU MONI SHIYAN ANLI

出版发行	立信会计出版社		
地　　址	上海市中山西路 2230 号	邮政编码	200235
电　　话	(021)64411389	传　　真	(021)64411325
网　　址	www.lixinaph.com	电子邮箱	lixinaph2019@126.com
网上书店	http://lixin.jd.com		http://lxkjcbs.tmall.com
经　　销	各地新华书店		

印　　刷	苏州市古得堡数码印刷有限公司	
开　　本	787 毫米×1092 毫米	1/16
印　　张	11.25	
字　　数	268 千字	
版　　次	2017 年 6 月第 1 版	
印　　次	2024 年 2 月第 7 次	
书　　号	ISBN 978-7-5429-5526-5/F	
定　　价	25.00 元	

序

资产评估是现代市场经济发展中与法律咨询、审计服务并列的三大专业服务行业之一。究其本质，资产就是能带来未来收益的契约权利。所以，从事经济活动既要弄清产权的内容、限制和瑕疵，并对其进行事实判断，又要针对技术进步、环境变化和制度演进引发的价值变化进行专业判断。我国资产评估行业在改革开放后的迅速发展既是应对国有企业改革防止国有资产流失的结果，又是响应对外开放引发的中外资本合理对接融合的结果，还是促进挖掘民营经济信用能力促进其健康发展的结果。中国资产评估行业不仅为中国的改革开放做出了重大贡献，而且在评估准则制定和专业人才的职业培训方面也取得了可圈可点的成就，资产评估的专业价值因此得到了普遍认同。但需要指出的是，尽管中国高校在 1990 年就开始了资产评估本科教学的试点，目前也有数十所高校设立了资产评估本科专业，但该类专业培养出来的学生，一是对评估行业的发展趋势存疑，尚未形成对学科的归属感。二是专业教师受高校学术评价导向的制约，对学生专业胜任能力，尤其是对资产评估动手能力的培养缺乏足够的关注。三是高校与资产评估机构之间的战略合作尚处于初级阶段，并未形成优势互补的利益共同体。

郭昱和舒英合作编写的这本《资产评估模拟实验案例》，让我看到了高校资产评估专业建设和制度改革的希望：首先，这是高校学者与专业精英的合作。从书中的案例选择、参数设计和问题分析中，既可以看到对资产评估学科前沿文献的借鉴，又可以看到对资产评估实践热点问题的分析。其次，这是年轻人的跨界分享。20 世纪 80 年代末资产评估行业在中国问世之后，在教学科研和评估实务领域都涌现出了一批优秀的年轻人才，但他们之间的互动合作并不活跃，而本书的出版显示了这种合作不仅必要，而且可行。最后，案例的撰写过程得到了上海诸多评估机构的支持。这表明评估行业其实是成员机构共同利益驱动的社区，成员之间除了竞争，还有合作。上海评估机构在培养专业人才上的通力合作值得肯定。

案例分析是当今高等教育中被普遍应用，并受到学生欢迎的一种教学方法。这本案例既有完整的案例介绍，又有恰当的问题归纳，还有供学生分析的数据库推介，在促进学生独立思考的同时，也为团队合作创造了条件。相信这本案例的出版，不仅会受到高校师生的欢迎，同时也会引起评估机构从业人员的关注。

汪海粟

2016 年 7 月

前 言

本教材是资产评估实验或案例课程的配套教材。自2011年第一次出版《资产评估模拟实验》后，在近6年的时间里，自20余所高校的教师使用过该教材，并通过邮件、电话等多种形式对实验案例提出了宝贵的修改意见，对实验教材编写给予了鼓励与支持。随着市场环境的发展，原案例的时滞性及其他问题越来越突出，最终促使编者对教材进行了重新编写。

本教材第一至第三章是单项资产评估案例；第四章是企业价值评估案例。附录A评估程序教学参考资料，附录B是收益法评估中测算贝塔系数的参考资料，附录C是Wind金融终端使用说明。附录A～附录C均是第四章的补充教学资料。本教材有如下特点：

(1) 单项案例具有代表性。9个单项资产案例类型不同，选取了每类单项资产中有代表性的案例；每个案例使用的评估方法、教学侧重点不同基本覆盖了单项资产评估中常见类别与常用方法。

(2) 企业价值评估案例的可操作性。企业价值评估包括资产基础法和收益法，案例按照评估实务操作要求编写，并提供了电子版教学资料，学生通过教材指导完成评定估算后，能够对评估实务操作有初步的认识与了解。

(3) 教学方式灵活多样。本教材既可以作为专业课程的同步案例教材，也可以作为独立实验教材。作为独立实验教材使用时，可以应用于不同的商业软件，对于没有使用商业软件的学校，本教材提供配套评估模板直接完成实验。

(4) 丰富的电子版教学资料。出版教材仅提供了基本的案例描述与教学要求，更多的教学支持资料将通过电子版方式提供，主要有以下几类Excel套表：①第一～第三章单项案例评估指导；②第四章资产清查资料、资产基础法评估指导、收益法评估指导；③附录B完整版(每年更新一次)；④企业价值评估模板：资产基础法模板、收益法模板(供无商业软件的学校选用)。

在本教材的编写过程中，上海立信资产评估有限公司、上海银信资产评估有限公司、上海申威资产评估有限公司、上海东洲资产评估有限公司等产学研基地提供了持续支持与帮助；上海立信会计金融学院方媛博士、王平博士协助了部分单项资产案例的编写；Wind金融资讯市场部的周世超、娄杉提供了技术支持；立信会计出版社的陈旻编辑督促了教材的重新编写，并对书中大量表格进行了耐心细致的修订。在此，一并致以深深谢意。

实验案例源于资本市场真实的经济行为，但要依据教学理念，“虚构”出能够用于教学的数据体系与分析框架，这一重构财务数据与交易行为的过程难免有所疏漏，对于数据或逻辑上可能存在的漏洞，恳请大家批评指正，帮助我们完善教学案例的后续设计。

郭　昱

2017 年 7 月

目 录

第一章 房地产评估案例

第一节 宾 馆

一、教学指导

1. 实验目的

掌握收益法在房地产评估中的应用。

2. 实验重点

(1) 收益法中收益、成本费用的分项预测。

(2) 收益法工作底稿的设计。

3. 实验参考课时

2 课时。

二、评估案例

1. 基本资料

评估目的：产权转移。

评估基准日：2016 年 6 月 30 日。

本次评估的房屋建筑物为宾馆、酒店用房，土地为旅游出让用地，属于二类商业地。委估房地产位于中州市城内××街南侧 51 号，于 2006 年 8 月建成，共计 2 栋，均为 3 层宾馆、酒店用房。建筑面积共计 1 781.16 平方米，占地面积为 929.1 平方米。其中：北栋临街，延街长 28.5 米，进深宽 20 米，建筑面积 1 090.44 平方米，其一层为宾馆前台、餐厅、副食店、酒吧，二三层为宾馆客房，共 33 间；南栋长 19 米、进深宽 14 米，建筑面积 690.72 平方米，均为宾馆客房。

经现场勘察，委估房产为 3 层砖混结构，条形基础，承重构件主要为砖砌体，屋面板为预制混凝土板，做卷材防水。外装为民居风格，室内地面为大理石地面。内墙乳胶漆，吊顶，独立卫生间。委估房产维护保养一般，基础少量下沉，主要承重构件基本完好，装修较新，空调等设施能正常使用。

本次评估有以下特点：

委托方无法提供委估房产的预、决算资料；中州市基准地价修正体系不公开，评估人员取得基准地价后无法对其进行准确修正。

中州市外城房地产市场交易频繁，且价格在不断上涨。而中州市内城房产交易较少，仅有少量普通住宅交易，因此，内城二手房市场不活跃。尤其是临街门市房产鲜有交易，经调查，原因是临街门市房产租金稳中有升，市场前景看好。除非急于变现，一般业主不会进行房产交易，而会选择以收取租金的形式获取收益。

委估房地产属于××街上的经济型宾馆、酒店，客房入住率较高，收益稳定。

综上特点，根据评估目的，结合市场情况，确定评估方法为收益法。

2. 收益期

委托方于 2006 年 6 月取得国有土地使用证，使用期限自 2006 年 6 月 12 日至 2056 年 6 月 11 日，即使用年限为 50 年。截至评估基准日已使用约 10 年，尚可使用年限约 40 年。

建筑物于 2006 年 8 月建成，委托方 2007 年 2 月取得房屋所有权证，理论使用年限为 50 年。经过现场勘查，评估人员根据委估房地产的用途、环境、维修情况及现状，认为该房产尚可使用年限能够修正为 40 年。

综上所述，尚可使用年限为 40 年，即收益期为 40 年。

假设至土地使用年限截止日，土地使用权及地上建筑物由国家无偿收回。

3. 折现率

折现率采取无风险报酬率加风险调整值法确定。风险调整值依据委估房地产的经济社会环境状况，估计投资风险程度确定。具体包括投资风险报酬率、管理负担补偿、缺乏流动性补偿、投资带来的优惠。相关公式为：

$$
\begin{aligned}
\text{折现率} &= \text{无风险报酬率} + \text{风险调整值} \\
&= \text{无风险报酬率} + \text{投资风险报酬率} + \text{管理负担补偿} + \\
&\quad \text{缺乏流动性补偿} - \text{投资带来的优惠}
\end{aligned}
$$

分析(略)，折现率取 8%(取整)。

4. 纯收益

纯收益 = 年总收入 − 年总费用

年总收入 = 宾馆、酒吧经营收入 + 餐厅、副食店租赁收入

年总费用 = 管理费 + 维修费 + 保险费 + 税费

1) 年收入

年收入包括宾馆客房、酒吧经营收入，餐厅、副食店租赁收入。

(1) 客房收入。委估房产北栋临街 19 间客房，其中：大标准间 10 间、标准间 5 间、复式客房 3 间、套房 1 间，一层餐厅、副食店和酒吧；南栋 14 间客房，其中：标准间 11 间、小标准

间1间、套房2间。

评估人员根据周边同级别宾馆、酒店经营情况，结合委估房地产客房大小、档次和入住率，确定委估房产客房全年收入。委估房产属于经济型宾馆，客房标定价格在180～500元之间，客人入住时，根据客房大小、档次等具体情况分别有一定的折扣，即形成入住价格。经过调查，中州是旅游城市，游客较多，同档次的宾馆入住率为90%左右，该入住率能够较好地反映委估宾馆的入住情况，因此，确定该宾馆入住率为90%，预计基准日后第1年(2010年7月1日至2011年6月30日)全年客房收入(1年按365天计算)，如表1-1所示。

表1-1　　客房收入预测表

客房标准	标定价格(元)	入住价格(元)	数量(间)	入住率	全年收入(元)
北　楼					
标准间	220.00	180.00	5	90%	
大标间	260.00	200.00	10	90%	
复式	400.00	240.00	3	90%	
套间	500.00	280.00	1	90%	
南　楼					
标准间	220.00	180.00	11	90%	
小标间	180.00	120.00	1	90%	
套间	500.00	280.00	2	90%	
客房收入合计					

(2) 酒吧收入。酒吧由委估房产车库改造而成，白天休息，晚上营业。该酒吧大包房1个，小包房3个，吧台1个(8座)。经调查了解，该××街上同档次的酒吧平均每晚消费人数约16人，人均消费约50元，则：

年营业收入 = 消费者人数 × 人均消费 × 365

(3) 餐厅、副食店租赁收入。承租方以市场租赁价格转租，年租金为餐厅11万元，副食店4万元。评估人员经过市场调查认为，该租赁价格较合理，因此以该年租金作为租赁收入。

年总收入 = 宾馆客房收入 + 酒吧收入 + 餐厅租金租赁收入 + 副食店租赁收入

以上为预测委估房产基准日后第一年的收入情况。

(4) 未来收入预测。中州古城，历史悠久，历来是旅游观光的好去处。“度假胜地”的秀丽景色吸引着中外游客。中州古城旅游业的发展促进了相关服务行业的发展，带动了消费，繁荣了经济。

根据目前中州市经济现状，结合委估房地产所在区域状况及其经营具体情况，咨询房地产中介资深人士和业内专家，评估人员经过调查，分析历史经营情况，预计未来5年委估房产总收入将会以5%的速度增长比较合理，5年后保持第5年收入水平不变。总收入预测表，如表1-2所示。

表1-2　总收入预测表

年期	年增长率	金额(元)
第1年收入		
第2年收入	5%	
第3年收入	5%	
第4年收入	5%	
第5年收入	5%	
第6～第40年收入	0	

2）年总费用

年总费用包括管理费、维修费、财产保险费和税费等四项。

评估人员根据本项目特点，分析成本变动习性，分为变动费用和固定费用，与收入有关的称为变动费用；与收入无关或关系不大、收入的变动对它的影响可以忽略不计的称为固定费用。则变动费用包括职工工资、职工保险、水费、电费、租赁部分的房产税、增值税、城市维护建设税及教育费附加、企业所得税等；固定费用包括维修费、财产保险费、自营部分房产税、城镇土地使用税等。假设变动费用随收入呈线性变化，即与收入的增长率相同，则各项费用确定如下：

(1) 管理费。管理费包括经营部分的职工工资、职工保险、水费和电费等，租赁部分由承租方承担。

管理费中的职工工资、职工保险费等，根据宾馆和酒吧人员及工资情况确定该项费用。具体测算，如表1-3和表1-4所示。

表1-3　基准日后第1年职工工资　　单位：元

岗位	人数	月工资	年工资
酒吧服务人员	3	1 100.00	39 600.00
客房服务人员	10	900.00	108 000.00
经理	1	3 000.00	36 000.00
会计、出纳	2	1 000.00	24 000.00
合计	16		207 600.00

表 1－4　　基准日后第 1 年职工保险　　单位：元

项目	基数	费率	年费用
失业保险	207 600.00	1.50％	3 114.00
养老保险	207 600.00	20.00％	41 520.00
工伤保险	207 600.00	1.00％	2 076.00
医疗保险	207 600.00	10.00％	20 760.00
住房公积金	207 600.00	8.00％	16 608.00
合计			84 078.00

上述职工工资、职工保险费等每年的变动率根据中州当地近 2 年平均工资增长水平确定。经统计，该变动率约为 15％，5 年后保持第 5 年水平不变。

管理费中的水费和电费，经过了解均按当年收入的 8％计算。租赁部分的水电费依照惯例应由承租方自行承担，因此，在假设餐厅和副食店继续出租的前提下，评估人员未予考虑该事项。

(2) 维修费。该项费用与环境、使用情况、维护情况有关，与收入无关，属于固定费用，因此，当收入增长时，该项费用不变，为 77 335.66 元。

(3) 财产保险费。该项费用与收入无关，属于固定费用，因此，当收入增长时，该项费用不变，固定为 5 155.71 元。

(4) 其他税费。其他税费包括房产税、增值税、城市维护建设税及教育费附加、城镇土地使用税。

第一，房产税依据相关税收法律法规，房产税自营部分（客房、酒吧）按占房产原值部分扣减 30％后的 1.2％计算，则：

自营占房地产原值部分 ＝ 自营面积 ÷ 总面积 × 房地产原值

自营部分房产税 ＝ 自营占房地产原值部分 × 70％ × 1.2％

注：餐厅、副食店租赁面积为 130 平方米。

依据相关税收法律、法规，租赁部分房产税按照租赁收入的 12％计算，则租赁部分房产税为：

租赁部分房产税 ＝ 租赁收入 × 12％

假设未来税收政策和税率不变，则自营部分房产税与收入无关，属于固定费用。而租赁部分房产税属于变动费用，与租金同比增长，增长率为 5％。

第二，依据相关税收法律、法规，增值税、城市维护建设税及教育费附加按照年收入的 5.5％计算，则该部分税费为：

增值税、城市维护建设税及教育费附加 ＝ 年总收入 × 5.5％

假设未来相关税收政策和税率不变，该项税费为变动费用与收入同比例增长，增长率为 5％。

第三，依据《关于调整城镇土地使用税税额标准的通知》（中府〔200×〕16 号）文件规定，委估房地产位于三等等级范围内，城镇土地使用税按占地面积 6 元/平方米计算。

该项税与收入无关，属于固定费用。

$$年总费用 = 管理费 + 维修费 + 保险费 + 房产税 + 增值税 + 城市维护建设税及教育费附加 + 城镇土地使用税$$

3）净收益

该宾馆在评估中界定为整体资产，并考虑其持续经营能力，因此，在净收益的计算中扣除商业利润。根据市场调查，酒店旅游行业的平均利润率在9%～15%之间，考虑到该宾馆经营效益良好，取商业成本利润为11%（即年总费用的11%），则净收益计算如下：

$$净收益 = 年总收入 - 年总费用 - 商业利润$$

4）房产价值

其计算公式为：

$$P=\sum_{i=1}^{40}\frac{R_i}{(1+r)^i}$$

式中：P——评估值；

R_i——净收益；

$r=8\%$——折现率；

$1/(1+r)^i$——现值系数。

要求：

完成评估明细表中该科目评估值。

委估房地产（中州饭店）价值估算表、年总费用估算表和税费估算表，分别如表1-5至表1-7所示。

表1-5　**委估房地产（中州饭店）价值估算表**

评估基准日：2010年6月30日　单位：元

序号	项目/年期	第1年	第2年	第3年	第4年	第5年	第6至第40年
1	年总收入						
2	年总费用						
(1)	管理费						
(2)	维修费						
(3)	财产保险费						
(4)	税费						
3	商业利润(11%)						
4	净收益						
5	折现率	8%	8%	8%	8%	8%	8%
6	现值系数						

（续表）

序号	项目/年期	第1年	第2年	第3年	第4年	第5年	第6至第40年
7	现值						
8	现值总额						

表1-6　委估房地产(中州饭店)年总费用估算表　单位：元

序号	项目/年期	第1年	第2年	第3年	第4年	第5年	第6至第40年(每年)
1	管理费用						
	职工工资、职工保险						
	水费、电费等						
2	维修费	77 335.66	77 335.66	77 335.66	77 335.66	77 335.66	77 335.66
3	财产保险费	5 155.71	5 155.71	5 155.71	5 155.71	5 155.71	5 155.71
4	税费						
	合计						

表1-7　委估房地产(中州饭店)税费估算表　单位：元

序号	项目/年期	计算基数	比率	第1年	第2年	第3年	第4年	第5年
1	房产税							
(1)	租赁部分房产税	年租赁收入	12%					
(2)	自营部分房产税	房地产原值的70%	1.2%					
2	增值税、城市建设税、教育费及附加	年总收入	5.5%					
3	城镇土地使用税	占地面积	6元/平方米					
	合计							
注	年总收入							
	年增长率							
	其中，租赁(平方米)							
	自营(平方米)							
	房地产原值							
	占地面积(平方米)							

第5年以后各项税费与第5年相同。

三、思考与讨论

1. 收益型房地产有哪些？对收益型房地产进行评估时，评估方法如何确定？

2. 该案例中收益、成本费用的预测依据是什么？

3. 如果评估基准日不是2016年6月30日，而是当前的某一天，根据现在的市场条件，收益法中的折现率是否需要调整？如需调整，则该如何调整？

第二节 住 宅

一、教学指导

1. 实验目的

(1) 掌握市场法在房地产评估中的应用。

(2) 学习独立收集参照物信息，并对信息进行量化比较。

2. 实验重点

(1) 自选住宅项目，根据实验要求从公开渠道独立收集被估房产及参照物信息。

(2) 市场法工作底稿的编制。

3. 实验参考课时

1～2课时。

二、评估案例

评估目的：产权转移。

评估基准日：自定。

1. 比较因素条件说明

比较因素条件说明表，如表1-8所示。

表1-8 比较因素条件说明表

比较因素	说明	待估房地产	比较案例1	比较案例2	比较案例3
房地产名称		东郊别墅	江南街别墅	景香花苑	景香花苑
详细地址		黄河路1号	新区	新区	新区
建筑面积	平方米	485.06	213	218	270

（续表）

比较因素		说明	待估房地产	比较案例 1	比较案例 2	比较案例 3
总价				2 618 000.00	2 692 800.00	2 692 800.00
产权证			房地产权	房地产权	房地产权	房地产权
建筑物层净高			2.8 米	2.8 米	2.8 米	2.8 米
总层数			2	3	2	2
售价		元/平方米		12 290.00	12 350.00	9 970.00
区域因素	地理位置	区位描述	工业区/农民房较多	住宅类房较多	住宅类房较多	住宅类房较多
		聚集度	流动人口较多	流动人口较多	流动人口较多	流动人口较多
	基础设施	基础设施	无市政配套	无完善居住市政配套	无完善居住市政配套	无完善居住市政配套
	公共配套	公共设施	无	零星居住区低档次小商铺	零星居住区低档次小商铺	零星居住区低档次小商铺
	交通	道路通达	黄河路 1 号	江南街	江南街	江南街
		交通描述	城际巴士	城际巴士	城际巴士	城际巴士
	环境景观	空气、景观	空气质量差	空气质量好、安静	空气质量好、安静	空气质量好、安静
		密度和容积率	建筑密度较低	建筑密度较低	建筑密度较低	建筑密度较低
个别因素	临街情况	临街情况	临次干道	临次干道	临次干道	临次干道
	新旧程度	新\次新\旧	次新	次新	次新	次新
	装修条件	内外装修	普通	中档	高档	普通
	建筑结构		框架	框架	框架	框架
	平面布置		布置一般	布置较好	布置好	布置一般
	朝向		南北	南北	南北	南北
	施工质量		尚可	尚可	尚可	尚可

2. 比较因素条件说明

比较因素条件说明表，如表 1 - 9 所示。

表 1-9　　比较因素条件说明表

比较因素		待估房地产	案例 1	案例 2	案例 3
房地产名称		东郊别墅	江南街别墅	景香花苑	景香花苑
交易价格(元)			12 290.00	12 350.00	9 970.00
时间因素(交易日期)		2010 年 9 月	2010 年 9 月	2010 年 9 月	2010 年 9 月
交易情况		正常交易	正常交易	正常交易	正常交易
区域因素	地理位置	见待估概况	相似	相似	相似
	基础设施		相似	相似	相似
	公共配套		好	好	好
	交通		相似	相似	相似
	环境景观		好	好	好
个别因素	临街情况	见待估概况	相似	相似	相似
	新旧程度		相似	相似	相似
	装修条件		略好	好	相似
	建筑结构		相似	相似	相似
	平面布置		略好	好	相似
	朝向		相似	相似	相似
	施工质量		相似	相似	相似

3. 比较因素条件指数

比较因素条件指数表,如表 1-10 所示。

表 1-10　　比较因素条件指数表

比较因素		待估房地产	比较案例 1	比较案例 2	比较案例 3
交易价格(元)			12 290.00	12 350.00	9 970.00
交易日期修正指数		100.00	100.00	100.00	100.00
交易条件		100.00			
区域因素	地理位置	100.00			
	基础设施	100.00			
	公共配套	100.00			
	交通	100.00			
	环境景观	100.00			
	加权合计	100.00			

（续表）

比较因素		待估房地产	比较案例 1	比较案例 2	比较案例 3
个别因素	临街情况	100.00			
	新旧程度	100.00			
	装修条件	100.00			
	建筑结构	100.00			
	平面布置	100.00			
	朝向	100.00			
	施工质量	100.00			
	加权合计	100.00			

注：表 1－10 中权重平均分配。实验中可根据实际情况确定权重。

区域因素修正说明：委估房地产周边人气不足，基本设施很差，整个房地产定位很差，没有商品住宅配置的物业管理公司对住宅区的日常管理，属于低档别墅用房。可比较案例与委估案例同属于商品别墅类用房，在公共配套和小区环境景观方面都较委估房地产好，故分别向上修正 15.00％。

个别因素修正说明：可比较案例 2 较委估案例装修档次高，故将可比较案例向上修正 15％。可比较案例 1 为中档装修，故将可比较案例向上修正 7.5％。

可比较案例 2 较委估案例设计更专业，平面布置更合理，故将可比较案例向上修正 15％。可比较案例 1 房型平面布置略好于委估案例，故将可比较案例向上修正 7.5％。

4. 评定估算表

评定估算表，如表 1－11 所示。

表 1－11　　评定估算表

比较因素	待估房地产	比较案例 1	比较案例 2	比较案例 3
交易价格(元)		12 290.00	12 350.00	9 970.00
时间因素	(100)/100			
交易条件	100/(100)			
区域因素	100/(100)			
个别因素	100/(100)			
比准价格				
评估单价				

要求：

1. 自选本市一处住宅进行价值评估，并在公开渠道收集 3 个参照物的信息。
2. 根据收集的信息填列"比较因素条件说明表"。
3. 完成评定估算。

注：评估思路可参照教材案例。

三、思考与讨论

1. 市场法适用于哪些房地产项目的评估？
2. 在本案例中，公开渠道收集信息是否有局限？如何解决？

第三节　工业厂房

一、教学指导

1. 实验目的

掌握成本法在工业房地产评估中的应用。

2. 实验重点

(1) 重置单价的测算。

(2) 成新率的测算。

3. 实验参考课时

1～2 课时。

二、评估案例

1. 基本资料

评估目的：企业增资扩股整体价值评估(其中的单项资产)。

评估基准日：2010 年 6 月 30 日。

房屋(和土地)的评估可以采用多种方法进行，可以将房屋和土地合在一起作为不可分割的整体进行评估，也可以将房屋和土地分开，分别进行评估。本次考虑到委估房地资产的用途、评估目的、所掌握的资料等，确定采用房地分估的方法进行评估。

评估对象为某工业厂房。该工业厂房建成于 1996 年，建筑面积总计 6 840 平方米，其中一层面积共计 5 400 平方米；局部二层，面积为 1 440 平方米。建筑物主体为一层，层高 12 米，3 跨，跨度 18 米，内墙涂料，外墙马赛克，水泥地坪，钢屋架瓦楞铁皮板双坡屋面，钢窗，水电设施齐全，目前为 DA 制造公司使用。DA 制造公司于 2007 年 1 月和 2008 年 7 月分两期对水电等管网进行改造，同时重新装修，现场勘察外观较新。

由于工业厂房多为工业企业自营生产，交易情况较少，因此对委估房屋采用成本法评估。

2. 成本法说明

成本法是从生产费用论的角度出发，通过估算重新购建委估对象所发生的各项成本及合理费用，计算求得委估对象估价时点价值的方法。

评估公式为：

评估价值 ＝ 单位面积重置价格 × 建筑面积 × 成新率

1）单位面积重置价格

由于被评房屋属一般房屋建筑物，采用类比法，根据上海市有关房屋建筑物的造价指标指数，或评估实例的建筑安装造价，经修正后计算有关费用，确定单位面积重置单价。

2）建筑面积

建筑面积一般根据房屋权证的记载确定，与权证面积不符的按照企业提供的实测面积计算。

3）成新率

将采用年限法所得理论成新率与采用打分法所得的技术测定成新率加权平均后得到待估房屋建筑物的综合成新率。

（1）年限法确定理论成新率。

计算公式为：

成新率 ＝（规定使用年限 － 已使用年限）÷ 规定使用年限 × 100%

已使用年限：根据房屋建造年、月，计算得出已使用年限。

规定使用年限：按有关部门关于建筑物规定使用年限标准，确定规定使用年限。

（2）打分法技术测定成新率。

依据建设部有关鉴定房屋新旧程度的参考指标、评分标准，根据现场勘查技术测定，采用打分法确定成新率。

计算公式为：

成新率 ＝（结构打分 × 评分修正系数 ＋ 装修打分 × 评分修正系数 ＋
设备打分 × 评分修正系数）÷ 100 × 100%

（3）综合成新率。综合成新率采用加权平均法，一般年限法权数取 0.4，打分法权数取 0.6。综合成新率公式为：

成新率 ＝ 年限法成新率 × 0.4 ＋ 打分法成新率 × 0.6

3. 重置全价

1）基价

可比建筑物：选取《上海市建设工程价格与指数》单层仓库作为可比案例求取委估对象

基价。可比案例主要特征,如表 1－2 所示。

表 1－12　　可比案例特征表

工程名称	单层仓库	结构类型	钢结构	土建/安装类别	土建二类安装三类
建筑面积	8 745 平方米	总高度(檐口)	8.28 米	层数	1层(局部 2 层)
主要特征	建筑物功能	库房,局部二层为办公用房			
	基础	独立基础			
	楼地面	水泥砂浆整体面层,局部同质地砖地坪			
	门窗	彩钢板门,铝合金门窗,彩钢板卷帘门,防火门,硬木框三夹板木门			
	外粉刷	办公用房外墙采用无釉面砖			
	内粉刷	高强石膏空心板内隔墙,乳胶漆			
	钢结构	钢柱梁,钢檩条,钢承台楼板,外墙、屋面采用双层压型彩钢板,内衬玻璃纤维保温棉			
	电气	主干线电缆沿桥架敷设,普通开关及插座,吸顶式荧光灯,电话系统			
	管道	硬聚氯乙烯给、排水管,普通卫生洁具(不包括浴缸)			
	消防	消防报警及消防联动系统(含喷淋、消火栓系统)			
	设备	轴流式通风机,各类泵,火灾报警控制器(照明、动力配电箱)			

价格取定水平为 2001 年 3 月。

可比案例工程造价指标,如表 1－13 所示。

表 1－13　　可比案例工程造价指标

项目		平方米造价(元/平方米)
一、建筑工程造价		1 117.66
其中	钢结构	712.81
二、安装工程造价		116.66
其中	1. 电气工程	60.11
	2. 管道工程	56.55
建筑安装工程造价(一)+(二)		1 234.32

调整因素如下：

(1) 期日：比较案例建造于 2001 年,根据上海统计年鉴公布的固定资产投资价格指数(以 1995 年为 100),2001 年和 2008 年的建筑安装、装饰工程价格指数分别为 111 和 155.8,基准日与 2008 年相比下降 2%左右,因此,期日修正 $= 155.8 \div 111 \times (1 - 2\%) = 1.38$。

(2) 层高：一般为高度每增减 10 cm 造价相应地增减 1%,委估建筑物层高 12 米,比较实例为 8.28 米,则层高修正系数二：$(12 - 8.28) \times 10 \times 1\% = 37.2\%$。

(3) 结构及屋面修正：比较实例为钢结构,屋面采用双层压型彩钢板；委估建筑物为钢混结构,钢屋架瓦楞铁皮板双坡屋面；一般情况下钢结构造价高于钢混结构,且彩钢板屋面造价高于铁皮板；因此，结构向下修正 5%，屋面向下修正 2%，共计向下修正 7%。

经综合调整后的工程造价= 1 234.32 × 期日修正 ×（1 + 层高修正 + 结构及屋面修正）

2）前期（专业）费的确定

一般情况下，前期费用包括规划、设计费，可行性研究费、勘察设计费、招标费，各种预算费、审查费、标底编制费、临时设施建设费等。根据经验及取费率惯例，以上各种费用总和按项目规模、标准、施工方式等前期费用取 5%。

前期（专业）费 = 经综合调整后的工程造价 × 5%

3）管理费的确定

建设单位管理费是指建设项目从立项到竣工验收交付使用，整个建设过程管理所需费用，包括办公设备、管理人员工资、技术图书资料费、竣工图费、竣工验收费等。根据该项目特点，评估人员认为管理费取 3%较妥，则：

管理费 = 经综合调整后的工程造价 × 3%

4）资金成本的确定

委估建筑物合理的施工期为 12 个月，按照央行 2008 年 12 月 23 日公布的金融机构贷款利率表，取银行半年至 1 年期贷款利率 5.31%，按建筑安装等费用在施工期内均匀投入的原则计息。

利息 =（经综合调整后的工程造价 + 前期费用 + 管理费用）× 利率 × 建设期 ÷ 2

5）重置单价 = 经综合调整后的工程造价 + 前期费用 + 管理费 + 资金成本

6）评估原值 = 重置单价 × 建筑面积

4. 成新率

（1）年限法理论成新率的确定。

计算公式为：

成新率 = 剩余使用年限 ÷（已使用年限 + 剩余使用年限）× 100%

已使用年限：该房屋建成于 1996 年年初，至评估基准日计算得出已使用 14.5 年。

规定使用年限：根据部颁标准结合实际设计及使用日常维护情况，被评建筑物耐用年限为 50 年，确定剩余使用年限为 35.5 年。

按公式计算：

理论成新率 = 剩余使用年限 ÷ 耐用年限 × 100%

（2）打分法技术测定成新率的确定。

鉴定成新率：DA 制造公司于 2007 年 1 月和 2008 年 7 月分两期对水电等管网进行改造，同时重新装修，评估人员现场勘察对结构、装修、设备三大项逐一鉴定打分，如表 1 - 14 所示。

表 1-14　　成新率打分表

部分	名称	标准分	实测现状	打分	合计	权重
结构	基础	25	无不均匀沉降	23	90	0.8
	承重构件	25	梁、柱、板等构件基本完好	23		
	非承重构件	15	墙面无裂缝、起壳	13		
	屋面	20	面层完好无渗漏	18		
	楼地面	15	面层基本完好	13		
装修	门窗	25	门窗完好	22	88	0.1
	外粉刷	20	稍有风化	17		
	内粉刷	20	基本完好	18		
	顶棚	20	基本完好	18		
	细木装修	15	油漆较完整	13		
设备	水卫设施	50	管道基本完好	45	90	0.1
	电照设备	50	线路基本完好	45		

要求：

完成工业厂房的评估。

三、思考与讨论

1. 为什么工业房地产（特别是非标准厂房）通常采用成本法进行评估？
2. 影响工业房地产评估的主要区位因素有哪些？

第二章　无形资产评估案例

第一节　土 地 使 用 权

一、教学指导

1. 实验目的

(1) 掌握市场法、假设开发法在土地使用权评估中的应用。

(2) 独立进行两种方法的评估差异分析，理解两种技术手段的特点。

2. 实验重点

(1) 市场法中评估对象与可比案例之间差异的定量分析。

(2) 假设开发法的运用。

3. 实验参考课时

3～4 课时。

二、评估案例

1. 基本资料

评估目的：土地使用权转让。

评估基准日：2016 年 11 月 1 日。

权证编号：H 房地甲字(200×)第 0223 号。

宗地位置：甲区丁街道 23 街坊。

四至范围：东临中山路、东北侧为科学会堂、西侧为甲区派出所、南侧为工商银行。

土地性质：国有出让。

土地面积：20 352.6 平方米。

规划用途：商业、办公、住宅综合用地。

使用年限：2015 年 5 月 31 日至 2065 年 5 月 30 日。

规划容积率：根据土地使用权出让合同所附的国有土地使用条件，可建地上建筑面积约 78 600 平方米。

开发程度：动拆迁已基本完成；除现金补偿外，企业还通过原拆原还的方式补偿，根据补偿协议还建住宅面积约 16 374.33 平方米。

调整后开发成本账面值为 258 567 765.06 元，均为土地成本。

2. 假设开发法

1）总楼价的确定

（1）土地面积及开发面积。根据土地使用权出让合同规定的土地使用条件和资产占有方提供的扩初设计方案，委估开发项目的基本经济指标如下：

土地面积：20 352.60 平方米

设计容积率：3.86

建筑物类型：住宅、商办综合楼

总建筑面积：116 220 平方米

地上建筑面积：78 600 平方米

其中：商业 4 224 平方米

办公 55 480 平方米

住宅（正常销售） 425.67 平方米

住宅（还建） 16 374.33 平方米

配套会所用房 1 340 平方米

物业用房 756 平方米

地下建筑面积：37 620 平方米

其中：住宅地下车库 4 720 平方米

办公地下车库 27 350 平方米

地下配套面积 5 550 平方米

地下可售车位数量：592 个

（2）销售价格。周边楼盘价格，如表 2－1 所示。

表 2－1　　周边楼盘价格调查表

楼盘名称	类型	楼盘坐落	售价（元/平方米）
水晨园	公寓	丁西路 100 弄	20 000～22 000
绿苑公寓	公寓	中山路 98 弄	17 000～20 000
东方花苑	公寓	长江路 28 弄	17 000～20 000
环球国际大厦	办公	中山路 18 号	25 000
华安大厦	办公	中山路 20 号	18 000
中山大厦	办公	中山路 68 号	19 000～20 000

通过比较周边楼盘的价格，综合考虑宏观政策因素和委估地块自身的情况，并假设未来几年内房地产市场保持稳定，取该项目的商业及办公销售均价为 20 000 元/平方米，住宅售价 18 000 元/平方米，配套会所用房售价 12 000 元/平方米，车位售价 250 000 元/个。根据

以上销售单价，测算开发后总楼价，如表 2－2 所示。

表 2－2　　开发后总楼价测算表

项目	建筑面积(平方米)	售价(元)	小计(元)
商业	4 224	20 000	
办公	55 480	20 000	
住宅(正常销售)	425.67	18 000	
住宅(还建)	16 374.33	0	
配套会所用房	1 340.00	12 000	
地下车位	592	250 000	
总楼价			

2）销售及管理费用

销售及管理费用主要是指开发商在楼盘销售过程中的广告、营销策划、聘请销售人员、代理佣金等支出，一般为销售收入的 1%～3%。本次评估销售及管理费用率取 3%。销售收入取总楼价。

3）销售税金

销售税金主要是指销售商品房所需支付的增值税及附加，委估项目尚未取得施工许可证，因此按新项目 11%的销项税税率计，进项税中除设计费等前期费用进项税税率按 6%计，其他工程费的进项税税率按 11%计。

4）建筑成本

根据资产占有方提供的"扩初设计概算书"及目前造价行情估算建筑成本。总建筑成本测算表，如表 2－3 所示。

表 2－3　　总建筑成本测算表

项目	面积(平方米)	造价(元/平方米)	小计(元)
住宅土建	21 520	1 800	
住宅安装及装饰	21 520	500	
商办楼土建	92 604	3 500	
商办楼安装及装饰	92 604	1 500	
物业及会所用房	2 096	2 500	
人防工程建设费	21 520	60	
住宅市政配套费	21 520	320	
市政配套及总体工程	116 220	300	
总建筑成本			

5）前期专业费用

一般情况下，前期费用包括规划、设计费，可行性研究费、勘察设计费、招标费，各种预算费、审查费、标底编制费、临时设施建设费等。现综合考虑委估对象的设计标准、功能、用途等因素，评估人员认为前期(专业)费取总建筑成本现值的4%较适合。

6) 管理费用

建设单位管理费是指建设项目从立项到竣工验收交付使用，整个建设过程中管理所需费用，包括新建项目为保证筹建和建设工作正常进行所需工作人员的正常进行所需办公设备、工资、办证费、技术图书资料费、竣工图费、竣工验收费等。现按取费惯例，管理费按工程基数要求、项目特点等，评估人员认为管理费取总建筑成本现值的3%较妥。

7) 不可预见费

由于受到宏观经济影响，近来各种材料、人工价格涨跌频繁，故取不可预见费率为总建筑成本现值的5%。

8) 资金成本

根据委估项目的建设规模和标准，建设周期约为2.5年，评估中折现率取银行1～3年期贷款利率为4.75%。

资金成本 =(建筑成本 + 前期专业费 + 期间管理费 + 不可预见费) × 利率 × 建设期 ÷ 2 + 地价 × (1 + 契税税率) × 利率 × 建设期

9) 开发利润

根据房地产项目开发的一般收益水平，本次评估取利润率为20%，则：

开发利润 =(地价 + 建筑成本 + 前期专业费 + 期间管理费 + 不可预见费) × 20%

10) 土地增值税

土地增值税是以纳税人转让国有土地使用权、地上建筑物及其附着物所取得的增值额为征税对象，按照规定的税率计征的一种税。由于增值税计算公式中的土地取得成本为本次评估所需求取的对象，因此，采用迭代方式计算得到土地增值税。(详见电子版指导资料)

11) 假设开发法估算的土地价值(含契税)

土地使用权价值 = 开发后总楼价 − 销售费用 − 销售税金 − 建筑成本 − 前期专业费用 − 管理费用 − 不可预见费 − 资金成本 − 利润 − 土地增值税

要求：

设计假设开发法工作底稿，并完成评定估算。

3. 市场法

由于原公司与动迁户签订了还建协议，还建面积16 374.33平方米，而该部分还建面积所需的建安成本尚未在原公司的账面体现，因此，市场比较法的结果中需扣除估算的还建成本。

土地价值(含契税) = 市场比较法得出的土地价值(含契税) − 还建建安成本

1) 比较实例概况及因素条件说明

比较实例测算表，如表2-4所示。

表 2－4　　　　　　　　　　　　比较实例测算表

比较因素＼案例		委估物业	案例 A 甲区北园路 233 街坊	案例 B 甲区丁街道 23 街坊	案例 C 西区 25 号地块
坐落位置		中山路、长江路	北园路、红河路	中山路以西、黄海路北	东至丁巳南路、北至长江路
土地用途		综合商住办	商业、办公	商业、办公	住宅
土地面积(平方米)		20 353	6 686	10 731	5 565
容积率		3.86	2.70	3.06	1.56
成交价格(元)			130 000 000	330 000 000	76 000 000
交易单价(楼面价,元/平方米)		—	7 201	10 061	8 755
交易日期		—	2015.11	2016.10	2016.10
交易情况		—	挂牌出让	挂牌出让	挂牌出让
受让人		—			
区域因素	交通条件	紧邻内环,交通较便捷	近内环,交通较便捷	紧邻内环,交通较便捷	交通较便捷
	商业繁华度	近甲区商圈,商业繁华度较高	近甲区商圈,商业繁华度较高	近甲区商圈,商业繁华度较高	沿丁巳路商业街,商业繁华度较高
	区位条件	内环周边,区位条件好	内环周边,区位条件好	内环周边,区位条件好	内环周边,区位条件好
	公建配套完备度	区域内学校、医院、邮局、银行等配套设施齐备	区域内学校、医院、邮局、银行等配套设施齐备	区域内学校、医院、邮局、银行等配套设施齐备	区域内学校、医院、邮局、银行等配套设施齐备
	环境质量优劣度	周边多为中高商务楼宇及住宅,环境质量较好	周边多为中高商务楼宇及住宅,环境质量较好	周边多为中高商务楼宇及住宅,环境质量较好	周边多为中高商务楼宇及住宅,环境质量较好
个别因素	宗地形状	较不规则	较规则	较规则	较规则
	规划限制	无特殊规划限制	无特殊规划限制	无特殊规划限制	无特殊规划限制
	临街状况	临街状况一般	临街状况较好	临街状况较好	临街状况较好
	市政基础设施	设定为七通一平	七通一平	七通一平	七通一平

2）比较因素条件修正

比较因素的条件修正,如表 2－5 所示。

表 2-5　　比较因素条件修正表

比较因素 \ 案例		委估物业	案例 A 甲区北园路 233 街坊	案例 B 甲区丁街道 23 街坊	案例 C 西区 25 号地块
交易日期修正		100			
交易情况修正		100			
区域因素	交通条件	20			
	商业繁华度	30			
	区位条件	20			
	公建配套完备度	15			
	环境质量优劣度	15			
	区域因素小计	100			
个别因素	宗地面积	15			
	宗地形状	20			
	规划限制	20			
	临街状况	30			
	土地用途	15			
	个别因素小计	100			

修正说明如下：

(1) 交易日期修正：根据国家统计局公布的土地交易价格指数，2016 年上半年该地区土地价格保持较快惯性上涨，故案例 A 向上修正 5。

(2) 交易情况修正：案例 A 和案例 C 均为房地资源局公布的正常挂牌成交案例，故不作修正；案例 B 与委估对象相邻，而其受让人与委估对象的权利人为关联方，取得该地块的目的是为了更好地整体规划，因此，案例 B 的交易情况向上修正 20%。

(3) 宗地面积修正：三个比较案例的土地面积及可建面积均小于委估对象，对资金的要求相对较低，故三个比较案例均向上修正 5。

(4) 宗地形状修正：委估对象的宗地形状较不规则，故三个比较案例均向上修正+5。

(5) 临街状况修正：委估对象仅一面临街，而三个比较案例的临街状况相对较好，故案例 A、案例 B、案例 C 均向上修正 5。

(6) 土地用途修正：委估对象的土地用途为商住办综合，案例 C 的土地用途为住宅，从收益性看，综合用地略高于住宅用地，故案例 C 向下修正 5。

(7) 容积率因素修正：参考有关容积率修正标准，委估对象容积率 3.86 对应的系数为 0.893，案例 A 容积率 2.7 对应的系数为 0.922，案例 B 容积率的系数为 3.06 对应的系数为 0.898，案例 C 容积率 1.56 对应的系数为 1.06，则案例 A 修正系数为 $0.893 \div 0.922 = 0.969$，案例 B 的修正系数为 $0.893 \div 0.898 = 0.994$，案例 C 的修正系数为 $0.893 \div 1.06 = 0.842$。

3) 评估值计算

评估结果，如表 2-6 所示。

表 2－6　　评定估算表

比较因素＼比较实例	案例 A 甲区北园路 233 街坊	案例 B 甲区丁街道 23 街坊	案例 C 西区 25 号地块
交易单价(熟地楼面价,元/平方米)	7 201	10 061	8 755
交易日期修正			
交易情况修正			
区域因素修正			
个别因素修正			
容积率修正			
修正后价格			
权重	1/3	1/3	1/3
市场法评估单价			

4）市场比较法得出的土地价值(含契税)

根据以上测算与假设,运用市场比较法得出:

完全土地使用权价值 ＝ 市场法评估单价 × 61 469.67(按实际可售面积计)

经年期修正后的土地使用权价值 ＝ 完全土地使用权价值 ×$[1-1\div(1+6.14\%)^{48.5}]\div[1-1\div(1+6.14\%)^{50}]$

含契税的土地价值 ＝ 经年期修正后的土地使用权价值 ×$(1+3\%)$

5）还建成本现值

根据假设开发法的估算,则:

还建成本现值 ＝ $16\,374.33\times(1\,800+500+60+320+300)\div(1+4.75\%)^{(0.5+1)}\times(1+5\%+3\%+5\%)$

6）土地价值(含契税)

土地价值(含契税) ＝ 市场比较法得出的土地价值(含契税) － 还建建安成本

要求:

设计市场法工作底稿,并完成评定估算。

三、思考与讨论

1. 在运用市场法对房屋建筑物和土地使用权进行评估时,区域因素、个别因素的分析有哪些异同?

2. 传统的假设开发法和现金流折现的假设开发法有哪些不同?

3. 本案例的市场法有什么特点?

第二节 专有技术

一、教学指导

1. 实验目的

掌握收益法在专有技术评估中的应用。

2. 实验重点

(1) 测算企业研发完成后10年(第3～第12年)的净利润。

(2) 测算企业前两年的研发成本。

3. 实验参考课时

3～4课时。

二、评估案例

1. 基本资料

评估目的:评估R科技公司(以下简称R公司)拥有的WW检测装备(FF系统、EE系统)所有相关专有技术的无形资产价值,为其对外出资作价提供参考依据。

评估基准日:2016年8月31日。

委估无形资产为R科技公司(以下简称R公司)拥有的WW检测装备(FF系统、EE系统)所有相关专有技术的所有权。

R公司与甲市某投资有限公司在共同组建中外合资L科学仪器有限公司,合资公司的主要目的是开发、生产和销售WW制造设备中的故障分析、检测和在线过程控制设备,对国家和地方高科技产业,特别是现代设备制造业将起到带动作用。其中,R公司将其拥有的WW检测装备(FF系统、EE系统)所有相关专有技术的所有权以出资方式投入L公司。

1) 国内现状分析

工艺控制类设备制造是WW设备制造业的一个分支,具有典型的知识密集和资本密集特征,是一个门槛很高的行业。与其他WW设备的情况类似,全球的工艺控制类设备制造能力主要为美国、欧洲和日本的少数企业所垄断。

工艺控制类设备应用在我国尚处于起步阶段,国内企业不具备制造能力。近年来,随着有外资背景的生产企业的大量增加,我国用于WW设备的资本支出以每年翻番的速度增长,但包括工艺控制类设备在内的主要设备来源几乎全部仰赖进口。随着国内对于WW设备的需求迅速增长,WW设备制造业在国内已经受到高度重视,相关的产业链正在形成中。

2) 项目建设的重要性

(略)

3）WW 设备制造业未来发展趋势

（略）

（1）FF 系统市场分析。目前，世界范围内应用于 WW 工业的 FF 系统年市场容量约为 2.5 亿美元。预计这个市场会由于 WW 产业的发展趋势而保持 20%以上的年增长率。

（2）EE 系统市场分析。据国外×公司提供的市场分析数据，与 EE 技术相关的设备市场在 2018 年将达到 2.13 亿美元。平均年增长速度将超过 57.5%，在 2018 年预计将达到 1.34 亿美元。

4）无形资产的竞争情况

（1）FF 系统的竞争情况介绍。甲、乙和丙为 FF 工作站的主要制造商；此外，还有日本和欧洲的几家制造商也生产此类设备，但市场份额较小。

第一，甲公司。

竞争优势：在 FF 行业内知名度高；FF 产品线较全，面向不同需求的用户；部分整机产品的专用性强；较强的销售渠道，依靠各地分公司进行直接销售并提供售后服务。

主要弱点：产品价格较高；自动化（如软件）不如丙公司；盈利能力低于行业水平，过去 5 年的平均毛利润率为 40%，低于行业接近 50%的平均水准。

第二，乙公司。

竞争优势：WW 检测设备的专业制造商，业内知名度高；在世界范围内有健全的销售网络，在中国有代表处，负责中国的销售和售后服务；财力雄厚，研发能力强。

主要弱点：产品价格较高；主要生产高端产品，客户群集中在大型 WW 产业制造厂。

第三，丙公司。

竞争优势：丙公司是日本某集团的子公司，生产用于 WW 制造业等行业的检测仪表和设备。其用于 WW 产业检测和修理的 FF 系统包括三个系列近十个型号工作站产品，为最老的 FF 制造商，目前仍拥有完整的 FF 产品线。

主要弱点：产品很少销售到日本和亚洲之外。

（2）EE 系统的竞争情况介绍。EE 设备主要竞争厂商情况如下：

第一，丁公司

竞争优势：目前世界上最大的 WW 检测设备公司，技术人员、资金实力雄厚，技术全面。

主要弱点：缺乏实时监控设备方面的经验及产品。

第二，戊公司

竞争优势：实时监控产品已被世界上第二大设备厂商所采用。EE 测试设备也已落户 Intel。

主要弱点：该公司经营不善，连年亏损，已无财力开发新一代实时监控产品，其主要客户在寻找新的供应商。

第三，己公司。

竞争优势：EE 设备的专营厂商。

主要弱点：缺乏财力，仅具有低档次的 EE 技术，市场份额比例可以忽略。

第四，庚公司。

竞争优势：集中于 EE 设备市场。

主要弱点：缺乏财力，仅具有低档次的EE技术，市场份额比例可以忽略。

5）无形资产的前景

（略）

6）评估方法的选择

本次评估采用收益现值法。

本次评估思路分研发期和收益期两个阶段分别考虑。第一阶段为专有技术的研发阶段，第二阶段为无形资产研发完成开始销售的收益阶段。

第一个阶段研发成本测算公式为：

$$C = \text{未来研发期内各期研发成本的现值之和}$$
$$= \sum_{i=1}^{m} \frac{C}{(1+r_1)^i}$$

其中：C——评估值（折现值）；

r_1——所选取的折现率；

m——研发年期；

Ci——未来第i个研发期的研发成本。

第二阶段收益测算公式为：

$$P = \text{未来收益期内各期收益的现值之和}$$
$$= \sum_{i=m+1}^{n} \frac{F_i}{(1+r)^i}$$

其中：P——评估值（折现值）；

r——所选取的折现率；

n——收益年期；

m——研发年期；

Fi——未来第i个收益期的预期收益额。

无形资产的评估值=未来收益期内各期收益的现值之和—未来研发期内各期研发成本的现值之和

2. 收益年期

R科技公司拥有的WW检测装备（FF系统，系统EE）专有技术目前在国内市场是没有的，在国际市场属于领先地位且市场前景较广阔。该专有技术是所有权作价入股。根据该行业内技术的生命周期，按照谨慎性原则，评估人员分析判断，该技术研发完成后的生命周期约为10年，即收益年期定为10年。由于WW检测装备（FF系统、EE系统）相关专有技术还需进一步研发，依据研发进度，预计需要2年的研发时间，即整个测算时间为12年。

3. 财务预测

1）WW检测装备（FF系统，EE系统）的研发计划安排依据《甲市科教兴市重大产业科技攻关项目实施框架协议——检测装备(FF系统,EE系统)》中双方的承诺,同时考虑到L公司的资金没有按照上述框架协议的资金到位情况,预计企业基准日以后前2年为研发期,第三年开始研发完成,进入正常销售期。因此,以下从两个阶段:前2年和研发完成后10年(第3～第12年)来分别进行预测。

本次评估主要结合该项目的可行性研究报告以及专有技术和L公司的目前状况进行评估。

2) 前2年研发成本的预测

(1) 根据前面的项目进度,前2年为研发期应计入研发成本的员工总薪资预测。根据L公司的员工招聘计划,员工岗位主要包括高管、开发、生产、市场和行政五大类,其中市场、行政人员工资不计入研发成本。L公司高管人员6名全部属于公司的核心技术骨干,因此,管理人员工资全部计入研发成本;生产工人第二年开始聘用。

参照通常情况,员工福利包括退休养老金、医疗保险金、待业保险金、住房公积金以及薪资税,按当期工资1倍提取。

参照WW行业2015年平均薪资增长比例,取10%作为平均薪资增长率,具体雇员数量和平均薪资预测(研发成本不考虑行政及市场人员工资),如表2-7所示。

表2-7　　薪资福利预测表　　单位:万元

项目	第1年			第2年		
	人数	人均薪资和福利	总薪资和福利	人数	平均薪资和福利	总薪资和福利
高管	6	78.00	468.00	6	85.80	514.80
开发	42	27.00	1 134.00	62	29.70	1 841.40
生产		0	0	5	8.00	40.00
合计	48		1 602.00	73		2 396.20

(2) 厂房租赁费。L公司目前的办公厂房为租赁,租约为2005年9月1日到2006年11月30日,约定需支付的厂房租赁费用包括厂房租金和物业管理费。厂房总面积为1 361平方米,全部作为研发使用,租金金额为每平方米24.94元/月,物业管理费为每平方米2元/月,因此,每年的租金和管理费用合计为44万元。并且协议约定租赁厂房的租金自起租日起前3年不予调整,因此,L公司未来2年的厂房租赁费,如表2-8所示。

表2-8　　租赁费预测表　　单位:万元

项目	第1年	第2年
厂房租赁费	44	44

(3) 设备折旧摊销。根据L公司固定资产投资计划,企业第1、第2年各分别投入1 320万元用于购置工程开发和演示样机(包括聚焦系统组装、调试设备、聚焦系统设计原型、样机等);前2年每年购入491万元的仪器设备(包括电子光学设计仿真软件、机械设计软件、软件设计工具、计算机系统、测试设备、专用装配工作台和工具等)用于研发。按照5年计提设备折旧,机器设备前2年的研发需承担的折旧,如表2-9所示。

表 2－9 折旧摊销预测表 单位：万元

项目	第 1 年	第 2 年
设备折旧摊销		

（4）研发材料成本。研发人员工资全部计入员工薪资部分，因此研发成本中仅包含的是材料成本，包括一些实验室耗材，如小配件、计算机等，前 2 年依据企业提供的研发成本预测，如表 2－10 所示。

表 2－10 研发材料成本预测表 单位：万元

项目	第 1 年	第 2 年
研发材料成本	300	540

（5）其他零星费用支出。其他零星研发费用支出主要包括动力费用、办公费用等，由于 L 公司生产耗费动力不多，参照 L 公司 2006 年度前 9 个月实际发生的动力费用、办公费用，以及依据企业提供的预测，如表 2－11 所示。

表 2－11 零星研发费预测表 单位：元

项目	第 1 年	第 2 年
动力费用	39.00	70.20
办公费用	120.00	216.00
其他零星费用支出合计	159.00	286.20

（6）财务费用。根据企业的融资计划，L 公司向某银行的申请报告中争取基准日后的 3 年间分别获得 1 000 万元、5 000 万元和 9 000 万元，合计 15 000 万元政策性资金的支持，并且企业预计待现金流改善后，可以用经营利润偿还，也可以从资本市场筹集资金偿还，如果单纯用经营利润偿还，将在 2011 年全部还清。利息按照目前 6%的商业贷款利息计算，预计 2011 年贷款全部偿还，2011 年以后财务费用预测，如表 2－12 所示。

表 2－12 财务费用预测表 单位：万元

项目	第 1 年	第 2 年
财务费用	60.00	360.00

（7）前 2 年研发费用预测表，如表 2－13 所示。

表 2－13 研发费用预测表 单位：元

项目	第 1 年	第 2 年
研发人员工资和福利		
厂房租赁费		
设备折旧摊销		

（续表）

项目	第 1 年	第 2 年
研发材料成本		
其他零星费用支出		
财务费用		
研发费用合计		

要求：

按案例要求完成研发费用预测表。

3）销售收入

（1）销售收入。

第一，销售量预测。

A. FF 系统产品销量分析。公司 FF 工作站初期定位于中端市场，销售模式采取比正常售价低 20%的定价策略，即公司售价 80 万美金的系统性能上相当于竞争对手售价 100 万美金的产品。公司的 FF(B 型)的目标市场为高端用户，定价同样采取比现有双系统低 20%的策略。根据企业对市场的预测，评估师预计 L 公司的 FF 产品在研发完成后的第 4 年将达到 20%左右的全球市场份额和 1 亿美元的年销售额。根据对美国、中国台湾地区等地市场 FF 使用情况及全国 WW 行业发展趋势的分析，中国 FF 市场正处在一个加速启动阶段，预计两三年以后，每年将有 50 套以上的需求，按每套系统平均售价 100 万美元计算，市场将达到 5 000 万美元以上，公司将在中国市场上争取 85%以上的份额。

B. EE 系统产品销量分析。据美国×市场分析公司估计，EE 设备市场在 2008 年将达到 2.13 亿美元。平均年增长速度将超过 57.5%，在 2018 年达到 1.34 亿美元。

根据企业对未来销量的估计，评估师预测研发完成后未来 4 年的销售量，第 5 年开始与第 4 年相同。销售量预测表，如表 2-14 所示。

表 2-14　销售量预测表

产品	第 3 年	第 4 年	第 5 年	第 6 年	第 7～第 12 年
FF(A 型)					
基础产品销售量(台)		8	16	20	20
中端产品销售量(台)	6	16	24	30	30
高端产品单价销售量(台)		2	8	12	12
FF(B 型)					
销售量(台)		4	8	12	12
FF(C 型)					
销售量(台)			3	6	6

（续表）

产品	第3年	第4年	第5年	第6年	第7～第12年
FF(D型)					
销售量(台)				4	4
EE(A型)					
销售量(台)		53	120	210	210
EE(B型)					
销售量(台)			10	20	20
合计销售量(台)	6	83	189	314	314

第二，销售单价预测。

A. FF的售价分析。目前市场上用FF(A型)系统的售价，根据其性能高低及附加功能的多少，大致在70万～120万美元之间；一台最基本的双系统售价在200万美元以上；带有自动装卸装置的双系统的价格可高达数百万美元。目前FF的市场售价如表2-15所示。由于L要与少数几家FF市场垄断地位的公司竞争，因此，同类产品L公司FF的定价策略为市场售价的80%，低价进入市场，逐步调整，每年上涨5%，3年后稳定(第7年与第6年相同)。

表2-15　　　　FF系统销售价格预测表

序号	类型	市场价格(万美元)	预测价格(万元人民币)
一	FF(A型)		
1	低端产品	70	
2	中端产品	100	
3	高端产品	143	
二	FF(B型)	200	
三	FF(C型)	333	
四	FF(D型)	160	

B. EE系统的售价分析。通过对目前EE市场售价的了解，售价一般在50万～300万美元之间，因此，认为L公司对EE产品的定价是合理的。EE系统销售价格预测表和销售收入预测表，分别如表2-16和表2-17所示。

表2-16　　　　EE系统销售价格预测表

序号	类型	预测价格(万美元)	预测价格(万元人民币)
1	EE(A型)	20	
2	EE(B型)	100	

表 2-17　　　　销售收入预测表　　　　单位：万元

产品	第 3 年	第 4 年	第 5 年	第 6 年	第 7～第 12 年
FF(A 型)					
低端产品单价					
销售量(台)					
中端产品单价					
销售量(台)					
高端产品单价					
销售量(台)					
FF(B 型)					
单价					
销售量(台)					
FF(C 型)					
单价					
销售量(台)					
FF(D 型)					
单价					
销售量(台)					
EE(A 型)					
单价					
销售量(台)					
EE(B 型)					
单价					
销售量(台)					
合计销售量(台)					
销售收入合计					

要求：

查询基准日汇率，按案例要求完成销售收入预测表。

(2) 客户支持收入预测。对于已向该公司购买设备的客户，过 1 年保修期之后，对于维护保养平均需要支付产品售价 10%左右的后期保养维护费，同时，考虑到以上检测设备的经济生命周期为 5 年，一般超过 5 年以后客户选择重新购置新的设备而不会继续保养维护了，因此，客户支持收入只收取前 4 年售出的机器设备。客户支持收入预测表，如表 2-18 所示。

表 2-18　　客户支持收入预测表　　单位：万元

产品	第3年	第4年	第5年	第6年	第7年	第8年	第9年	第10年	第11年	第12年
FF(A型)										
低端产品单价										
销售量(台)										
中端产品单价										
销售量(台)										
高端产品单价										
销售量(台)										
FF(B型)										
单价										
销售量(台)										
FF(C型)										
单价										
销售量(台)										
FF(D型)										
单价										
销售量(台)										
EE(A型)										
单价										
销售量(台)										
EE(B型)										
单价										
销售量(台)										
客户支持收入合计										

要求：

按案例要求完成客户支持收入预测表。

(3) 预期收入合计。

$$收入合计 = 销售收入 + 客户支持收入$$

预期收入预测表，如表 2-19 所示。

表 2-19　　预期收入预测表　　单位：万元

产品	第3年	第4年	第5年	第6年	第7年	第8年	第9年	第10年	第11年	第12年
销售收入										
客户支持收入										
产品收入合计										

要求：

按案例要求完成预期收入预测表。

4）主营业务成本

（1）直接材料成本。

成本构成（略）

根据L公司的市场调研，目前看来国内产品以及国内加工能力可以满足L公司部分产品，特别是中、低端产品的配套需求。从长远发展趋势看，可以全部国产化。

考虑到初期的材料成本以少量采购计算，而且随着原材料采购数量的递增，以及采购方式从最初的不定期购买变为按照季度订购货物，因此，随着生产量的增长，原材料的采购价格会逐年递减，其中L公司根据市场采购价格预测直接材料成本每年递减15%，以FF(A型)工作站为例，从有销售收入开始的第3～第6年，其产品的材料成本仍然远远高于批量采购的材料价格。评估师保守估计，随着原材料采购量的增加，其采购价格每年以5%递减，到基准日往后第6年由于销售量预计稳定不变，材料成本也开始保持不变。

由于FF工作站的其他高端产品、EE装备等的直接材料采购成本数字比较敏感，在此，我们依据该公司所提供的产品原材料成本进行测算。原材料采购价格预测表，如表2-20所示。

表 2-20　　原材料采购价格预测表　　单位：万元

产品	第3年	第4年	第5年	第6年	第7～第12年
低端FF		165.00	156.75	148.91	148.91
中端FF	247.50	235.13	223.37	212.20	212.20
高端FF		288.80	274.36	260.64	260.64
FF(B型)		495.00	470.25	446.74	446.74
FF(C型)			990.00	940.50	940.50
FF(D型)				412.50	412.50
EE(A型)		82.50	78.38	74.46	74.46
EE(B型)			288.80	274.36	274.36

根据前面预测的产品生产数量，产品的原材料成本计算，如表2-21所示。

表 2-21　　　　原材料成本预测表　　　　单位：万元

产品	第1年	第2年	第3年	第4年	第5年	第6年	第7～第12年
FF(A 型)	0	0	1 485	5 660	10 064	12 472	12 472
低端产品成本				165	156.75	148.91	148.912 5
销售量(台)				8	16	20	20
中端产品成本			247.50	235.13	223.37	212.20	212.20
销售量(台)			6	16	24	30	30
高端产品成本				288.80	274.36	260.64	260.64
销售量(台)				2	8	12	12
FF(B 型)	0	0	0	1 980	3 762	5 361	5 361
单价				495.00	470.25	446.74	446.74
销售量(台)				4	8	12	12
FF(C 型)	0	0	0	0	2 970	5 643	5 643
单价					990.00	940.50	940.50
销售量(台)					3	6	6
FF(D 型)	0	0	0	0	0	1 650	1 650
单价						412.50	412.50
销售量(台)						4	4
EE(A 型)	0	0	0	4 373	9 405	15 636	15 636
单价				82.50	78.38	74.46	74.46
销售量(台)				53	120	210	210
EE(B 型)	0	0	0	0	2 888	5 487	5 487
单价					288.80	274.36	274.36
销售量(台)					10	20	20
合计销售量(台)	0	0	6	83	189	314	314
直接材料成本合计	0	0	1 485	12 012	29 089	46 249	46 249

(2) 人工成本预测。由于 L 公司的产品是初期生产低端产品，后期逐步生产高端产品，生产工人的技能要求是逐步提升的，因此，工人的人均工资也是逐步上升的，依据 L 公司提供的工人人工成本的预测，我们预计如下：

参照通常情况，员工福利包括退休养老金、医疗保险金、待业保险金、住房公积金以及薪资税按当期工资 1 倍提取。

人工成本预测表，如表 2-22 所示。

表 2-22　　　　人工成本预测表　　　　单位：万元

项目	人数	平均工资	平均工资加福利	总人工成本
第 3 年	10	4.40	8.80	88.00

（续表）

项目	人数	平均工资	平均工资加福利	总人工成本
第 4 年	24	5.20	10.40	249.48
第 5 年	60	5.80	11.60	696.00
第 6 年	140	6.00	12.00	1 680.00
第 7～第 12 年	140	6.00	12.00	1 680.00

(3) 制造费用。制造费用主要包括为制造产品和提供劳务而发生的各项间接费用，包括修理费、取暖费、水电费、运输费等。其金额的大小与原材料的消耗有直接关系，参照 L 公司对制造费用的测算，我们取制造费用占原材料成本的 6%计算，第 1 年参照企业的预测，为 124 万元，其余年份按比例计算，即对制造费用的预测，如表 2－23 所示。

表 2－23　　制造费用预测表　　单位：万元

项目	第 3 年	第 4 年	第 5 年	第 6 年	第 7～第 12 年
制造费用	124.00				

要求：

按案例要求完成制造费用预测表。

(4) 现场配件成本。现场配件成本是指企业给客户调试安装机器、维修等发生的配件材料成本，根据行业平均水平及 L 公司的预测，预计其大约占总销售收入(销售收入＋支持收入)的 5.5%，第 1 年参照企业预测为 248 万元，其余年份按比例计算。现场配件成本预测表，如表 2－24 所示。

表 2－24　　现场配件成本预测表　　单位：万元

项目	第 3 年	第 4 年	第 5 年	第 6 年	第 7 年	第 8 年	第 9 年	第 10 年	第 11 年	第 12 年
现场配件成本	248.00									

要求：

按案例要求完成现场配件成本预测表。

(5) 主营业务成本合计。主营业务成年预测表，如表 2－25 所示。

表 2－25　　主营业务成本预测表　　单位：万元

项目	第 3 年	第 4 年	第 5 年	第 6 年	第 7 年	第 8 年	第 9 年	第 10 年	第 11 年	第 12 年
直接材料成本										

（续表）

项目	第3年	第4年	第5年	第6年	第7年	第8年	第9年	第10年	第11年	第12年
人工										
制造费用										
现场服务配件成本										
主营业务成本合计										

要求：

按案例要求完成主营业务成本预测表。

5）机器设备折旧

根据L公司固定资产投资计划，企业前5年将持续投入资金购置工程开发和演示样机以及仪器设备，其中，工程开发和演示样机主要包括FF、EE样机等；仪器设备主要包括仿真软件、机械设计软件、软件设计工具、计算机系统、测试设备、专用装配工作台和工具等。根据L公司未来5年的投资计划，按照5年计提设备折旧，即L公司的机器设备的折旧，如表2－26所示。

表2－26　设备折旧预测表　单位：万元

项目	第1年	第2年	第3年	第4年	第5年	第6年	第7年	第8年	第9年	第10～第12年
机器设备折旧	362.20	724.40	1 112.20	1 995.60	3 711.20	3 349	2 986.80	2 599	1 715.60	0

6）土地摊销

前3年租赁厂房能够满足研发和生产的需要，根据企业生产规模的需要，预计需要花费土地购置费375万元，预计第3年建成，土地从获得土地权证开始摊销，根据工业用地使用年限，具体每年的摊销金额为7.5万元。土地推销预测表，如表2－27所示。

表2－27　土地摊销预测表　单位：万元

项目	第3年	第4年	第5年	第6年	第7年	第8年	第9年	第10年	第11年	第12年
土地摊销	7.50	7.50	7.50	7.50	7.50	7.50	7.50	7.50	7.50	7.50

7）固定资产房屋折旧

为配合项目进度计划，L公司预计第1年开始建造厂房，固定资产房屋投资预计在4 300万元。

计划第3年厂房建成，并开始计提折旧，按照工业用厂房使用年限计提折旧，即每年的固定资产房屋的折旧为86万元。

考虑到第3年厂房建成，第3年还需要继续租赁厂房，按租约为46.20万元。

因此，L 公司第 3 年及以后的厂房租赁费和房屋折旧，如表 2－28 所示。

表 2－28　　房屋折旧预测表　　单位：万元

项目	第 3 年	第 4～第 12 年
厂房租赁费和房屋折旧	132.20	86.00

8）人员工资

根据 L 公司的员工招聘计划，员工岗位主要包括高管、开发、生产、市场和行政五大类。其中，具体各岗位的人员招聘要求以及平均薪酬的测算如下：

（1）初期开发人员高技术水平人员比重比后期要大，因此，开发人员平均工资递减。

（2）市场人员随市场开发、销售和售后队伍扩大，辅助人员不断增加，因此，市场人员平均工资略有降低。

（3）行政人员由于后期增加海外办公室雇员人数，人员工资相对较高，因此，行政人员工资波动较大。

（4）如第 2 年人员数量未变，平均薪酬按上年度 10%的比率递增。

参照通常情况，员工福利包括退休养老金、医疗保险金、待业保险金、住房公积金以及薪资税，按当期工资 1 倍提取。

具体的总薪资报酬及雇员人数，如表 2－29 所示。

表 2－29　　薪酬预测表　　单位：万元

项目		第 3 年	第 4 年	第 5 年	第 6～第 12 年
高管	人数	8	8	8	8
	平均薪酬	74.25	81.68	89.84	98.83
	小计	594.00	653.40	718.74	790.61
开发	人数	82	126	238	469
	平均薪酬	26.32	26.40	21.12	18.23
	小计	2 158.04	3 326.40	5 026.56	8 551.04
市场	人数	21	83	158	301
	平均薪酬	31.43	30.94	30.77	28.88
	小计	660.08	2 567.81	4 862.06	8 691.38
行政	人数	6	11	17	31
	平均薪酬	18.56	17.24	20.87	20.63
	小计	111.38	189.67	354.83	639.38
合计	人数	127	252	481	949
	总薪资报酬	3 523.49	6 737.28	10 962.19	18 672.41

9）税金及附加的预测

企业增值税税率 17%，城市维护建设税税率 7%，教育费附加 3%，地方教育费附加

2%。税金及附加预测表，如表 2－30 所示。

表 2－30　税金及附加预测表　单位：万元

项目	第 3 年	第 4 年	第 5 年	第 6 年	第 7 年	第 8 年	第 9 年	第 10 年	第 11 年	第 12 年
税金及附加										

要求：

按案例要求完成税金及附加预测表。

10）销售费用

该企业销售费用中主要包括公关费、广告费、差旅费和其他费用，因此，根据企业的测算再考虑 WW 设备制造类企业的平均水平，预测销售费用占销售收入的比率为 6%，其中，第 3 和第 4 年参照企业的测算，分别取 854 万元和 2 613 万元，具体预测，如表 2－31 所示。

表 2－31　销售费用预测表　单位：万元

项目	第 3 年	第 4 年	第 5 年	第 6 年	第 7 年	第 8 年	第 9 年	第 10 年	第 11 年	第 12 年
销售费用	854.00	2 613.00								

要求：

按案例要求完成销售费用预测表。

11）管理费用

管理费用主要包括办公费用、差旅费、顾问费、试验费等。不考虑特殊情况，假设无形资产投入运作后无形资产受让方能进入正常的生产和销售环节，管理费用和销售收入的比率趋于正常，因此，根据测算再考虑工业类企业的平均水平，预测管理费用占销售收入（销售收入＋支持收入）的比率为 4%，其中第 3 和第 4 年参照企业的测算，分别取 1 112 万元和1 192 万元，具体预测，如表 2－32 所示。

表 2－32　管理费用预测表　单位：万元

项目	第 3 年	第 4 年	第 5 年	第 6 年	第 7 年	第 8 年	第 9 年	第 10 年	第 11 年	第 12 年
管理费用	1 112.00	1 192.00								

要求：

按案例要求完成管理费用预测表。

12）财务费用

财务费用预测表，如表 2－33 所示。

表 2-33　　财务费用预测表　　单位：万元

项目	第 3 年	第 4 年	第 5 年	第 6 年	第 7 年	第 8 年	第 9 年	第 10 年	第 11 年	第 12 年
财务费用	900.00	900.00	900.00	900.00	669.01	723.78	766.93	789.31	789.31	789.31

13）净利润

（1）利润总额。

利润总额＝销售利润－销售费用－管理费用－财务费用
　　　　＝销售收入－主营业务成本－销售税金及附加－
　　　　　销售费用－管理费用－财务费用

利润总额预测表，如表 2-34 所示。

表 2-34　　利润总额预测表　　单位：万元

项目	第 3 年	第 4 年	第 5 年	第 6 年	第 7 年	第 8 年	第 9 年	第 10 年	第 11 年	第 12 年
产品收入										
主营业务成本										
设备折旧										
土地摊销										
房屋折旧										
总薪资报酬										
税金及附加										
销售费用										
管理费用										
财务费用										
利润总额										

要求：

按案例要求完成利润总额预测表。

（2）净利润。

企业年净利润＝利润总额×（1－所得税税率）

L 公司是高新技术企业，所得税税率为 15%。

基于以上考虑及假设，未来第 3～第 12 年的预测结论如下：

根据上述公式和对企业未来销售收入的预测，可计算企业未来的年净利润，如表 2-35 所示。

表 2－35　　净利润预测表　　单位：万元

项目	第3年	第4年	第5年	第6年	第7年	第8年	第9年	第10年	第11年	第12年
利润总额										
所得税										
净利润										

要求：

按案例要求完成净利润预测表。

4. 折现率

1）前2年研发成本的折现率选取

由于前2年的研发成本投入占用了所投入的资金成本，折现率以基准日银行商业贷款利率6%计算。

2）收益期的折现率选取

分析（略），折现率确定为20%（取整）。

5. 分成率

在任何一个盈利系统中，管理、技术、人力、物力、财力以及无形资产必须共同作用，以对企业的收益作出贡献。知识产权作为特定的生产要素，参与企业收益分配的理论依据就在于此。

分成率的大小，目前世界上有三分法和四分法两种说法。“三分说”认为，企业因实施该技术所获得收益是由资金、劳动、技术因素综合形成的，作用的比重各占1/3，也可以为2∶4∶4，视具体情况而看。“四分说”认为，企业获利由资金、组织、劳动和技术这四个因素综合形成，获利比重各为1/4。而实际上联合国工业发展组织对印度等发展中国家引进技术的价格进行分析后，认为利润分享的取值一般为16%～27%较为合理。

考虑到R公司的WW检测装备（FF系统，EE系统）相关专有技术属于同一个WW设备制造行业，今后将都在L公司产生效益，因此，我们对以上专有技术进行综合分析。对于R技术分成率的确定主要考虑以下几方面的因素：

（1）资金投入量大。专项资金分3期投入，总共为18 000万元。按照投资理论，当该技术尚未完全产业化时，资金前期贡献度大于技术；而企业生产相对稳定后技术贡献度要大。

（2）团队素质要求高。WW设备制造业属于高端技术企业，其管理团队、销售团队、研发团队、售后服务团队都缺一不可。其中，特别是售后服务团队，由于WW检测装备的售后维护非常重要，对工程师的技术水平、人员综合素质要求很高，因此，在一定程度上，产品推向市场后，能否被市场所认可一定程度上取决于好的售后服务团队。

（3）技术创新程度高。

（4）产业化程度。目前的FF系统还没有完成样机的研发，从实验样机到产业化生产还需要一个过程。EE系统目前已完成实验原理样机，但距离产业化生产也有一个过程。

由于多种因素共同作用，每个因素都在生产过程中起到了相当重要的作用，该无形资产对未来收益起到了很大的作用，因此，确定L公司拥有的WW检测装备（FF系统，EE系统）

的分成率为净利润的20%。

要求：

按案例要求完成专有技术评估。

三、思考与讨论

1. 在现在时点重新进行宏观环境分析，与评估基准日相比，发生了哪些变化？
2. 宏观环境的变化对收益预测、折现率会产生什么影响？

第三节　商　　标

一、教学指导

1. 实验目的

掌握收益法在商标权评估中的应用。

2. 实验重点

1. 选择可比公司，计算分成率。
2. 选择可比公司，计算折现率。

3. 实验参考课时

3～4课时

二、评估案例

1. 基本资料

企业并购中，目标公司存在10项商标，均已获得商标证书，在注册有效期内。

评估基准日为2017年3月31日。

本次无形资产采用收益现值法进行评估。

收益法是指通过估算被评估资产的未来预期收益并折算成现值，借以确定被评估资产价格的一种资产评估方法。

所谓收益现值，是指被评估资产在未来特定时期内的预期收益按适当的折现率折算成当前价值(简称折现)的总金额。

收益法的基本原理是资产的购买者为购买资产而愿意支付的货币量不会超过该项资产未来所能带来的期望收益的折现值。

收益法的适用前提条件为：

(1) 被评估资产必须是能够用货币衡量其未来期望收益的单项或整体资产。

（2）产权所有者所承担的风险也必须是能用货币来衡量的。

采用收益法对评估对象进行评估所确定的评估价值，是指为获得该预期收益的权利而支付的货币总额。资产的评估价值与资产的效用或有用程度密切相关，资产的效用越大，获利能力越强，其价值就越大。资产成交后，能为新的所有者带来一定的收益，所有者支付的货币量不会超过该项资产（或与其具有同样风险因素的相似资产）的预期收益的折现值。

采用收益法能真实和较准确地反映评估对象收益本金化的价值，并与投资决策相结合，易为交易双方所接受。

收益法的计算公式为：

$$P = \text{未来收益期内各期收益的现值之和} = \sum_{i=1}^{n} \frac{F_i}{(1+r)^i}$$

其中：P——评估值（折现值）；

r——所选取的折现率；

n——收益年期；

F_i——未来第 i 个收益期的预期收益。

从公式中可见，影响收益现值的三大参数为收益期限（n）、逐年预期收益的分成额（F_i）和折现率（r）。

无形资产的评估值＝未来收益期内各期收益分成额的现值之和

本次无形资产评估选用销售收入分成收益模型：

$$F_i = \text{预期销售收入} \times \text{销售收入净分成率}$$

主要参数的选取：

（1）预期净收益的预测。委估无形资产预期净收益公式为：

委估无形资产预期净收益＝委估无形资产应用产品销售收入×销售收入净分成率

（2）无形资产分成率。本次无形资产评估采用的是销售收入分成收益模型，无形资产分成率为销售收入净分成率，收益类型为现金流。

本次评估选取 3 家上市公司作为对比公司，根据上市公司的经营数据，提取销售收入净分成率。

（3）收益年期的确定。科技成果的经济寿命取决于行业技术的发展更新速度、技术的领先程度、法律或者行政保护强度。由于科学技术是不断发展的，并且，科技发展的速度越来越快，一种新的，更为先进、适用或效益更高的技术资产的出现，使原有技术资产贬值。通常，影响技术资产寿命的因素是多种多样的，主要有法规（合同）年限、保密状况、产品更新周期、可替代性和市场竞争情况等。

在仔细分析和比较委估无形资产的特点后，并考虑同行业技术领域内相关技术的实际经济寿命年限确定委估无形资产的收益年限。

(4) 折现率的确定。确定无形资产折现率时一般应遵循以下几条原则：①不低于行业平均净资产收益率；②折现率与收益额相匹配；③适当考虑投资者的期望回报率及交易双方的利益均衡性。

无形资产折现率 Ri 计算公式为：

$$R_i = \frac{全部资产}{无形资产}(WACC - R_c \frac{营运资金}{全部资产} - R_f \frac{有形非流动资产}{全部资产})$$

其中：全部资产 = 股权价值 + 负息债权价值

营运资金 = 流动资产 − 非负息负债

有形非流动资产 = 有形非流动资产账面价值

无形资产 = 全部资产 − 营运资金 − 有形非流动资产

R_c—— 营运资金回报率；

R_f—— 有形非流动资产回报率。

而 $WACC = Ke \times W_e + K_d \times (1-t) \times W_d$

其中：$WACC$——加权平均资本成本；

K_e——行业普通权益资本成本；

K_d——行业债务资本成本；

W_e——权益资本在资本结构中的百分比；

W_d——债务资本在资本结构中的百分比；

t——行业所得税税率。

2. 评估假设和限制条件

收益预测是无形资产评估的基础，而任何预测都是在一定假设条件下进行的，此次评估对委估无形资产未来收益预测建立在以下假设条件下：

(1) 不考虑通货膨胀对业务收入和业务支出的影响，因此，在确定合理折现率的构成因素时亦不作通货膨胀影响的附加修正。

(2) 假设资金的无风险报酬率保持为目前的水平。

(3) 本次评估没有考虑将来可能承担的抵押、担保事宜，以及特殊的交易方式可能追加付出的价格等对评估价值的影响；同时，本报告也未考虑遇有自然力和其他不可抗力对资产价值的影响。

(4) 市场环境稳定的假设。本次评估假定所处社会经济环境无重大变化；行业政策、管理制度及相关规定无重大变化；经营业务涉及的税收政策、信贷利率等与现时无重大变化。

企业未来所处的市场环境与评估基准日相比，无不可预见的变化，即假设未来的市场环境是现时的延续。

社会公众的消费能力、企业生产能力和收费的定价标准以及支出费用等经营指标与社会国民经济增长率、物价指数等综合指标之间的关系维持在目前水平上，无异常波动。

(5) 甲公司是高新技术企业，享受 15%的所得税税率。本次评估假设以后年度该公司能继续享受 15%的所得税税率。

(6) 无其他人力不可抗拒因素及不可预见因素，造成对企业重大不利影响。

3. 分成率的估测

1) 销售收入的预测

与本次无形资产评估相关的产品销售收入预测情况，如表 2-36 所示。

表 2-36　产品销售收入预测表　　单位：万元

项目	2017 年 4～12 月	2018 年	2019 年	2020 年	2021 年及以后
销售收入	32 970.47	49 086.89	55 209.94	61 077.43	66 004.85
增长率	22.31%	16.96%	12.47%	10.63%	8.07%

而商标应用于该公司全部产品的生产。因此，商标对应的销售收入为该公司全部产品的销售收入。

2) 销售收入分成率的预测

考虑到甲企业属于化工行业，因而，选取规模和盈利水平较为详尽的 3 家上市公司 A、B、C 作为对比公司，根据上市公司的经营数据，估测销售收入分成率。

对比公司 A：简介(略)。

对比公司 B：简介(略)。

对比公司 C：简介(略)。

(1) 对比公司资本结构的计算。根据上述 3 家对比公司 2013～2016 年的财务报告，完成对比公司的资本结构表，如表 2-37 所示。

表 2-37　对比公司资本结构表

项目	对比公司名称	2016 年	2015 年	2014 年	2013 年	四年平均	平均值
营运资金比例	A						
	B						
	C						
有形非流动资产比例	A						
	B						
	C						
无形非流动资产比例	A						
	B						
	C						

其中使用的计算公式为：

$$营运资金比重 = 主营业务营运资金 \div 主营业务全投资公允价值$$

主营业务营运资金 =（流动性资产合计 − 交易性金融资产）
−（流动负债合计 − 短期借款 − 1 年内到期的非流动负债 − 交易性金融负债）

主营业务全投资公允价值 = 负息负债 + 扣除非主营业务经营性资产后股权公允价值

负息负债 = 短期借款 + 其他应付款 + 1 年到期的非流动负债 + 非流动负债合计

扣除非主营业务经营性资产后股权公允价值 = 股权市场价值 − 非主营业务经营性资产

股权市场价值 = 每股收盘价 × 总股本 + 少数股东权益

非主营业务经营性资产 = 交易性金融资产 + 可供出售金融资产 + 持有至到期投资 + 长期应收款 + 长期股权投资 + 投资性房地产

有形非流动资产比重 = 主营业务非流动资产 ÷ 主营业务全投资公允价值

主营业务非流动资产 = 固定资产 + 在建工程 + 工程物资 + 固定资产清理 + 油气资产 + 其他非流动资产

(2) 对比公司提成率的计算。对比公司无形资产应为企业全部的无形资产，不仅是专利、商标和专有技术，还包括其他无形资产（如销售渠道、管理经验等）。通过讨论，确定该商标的贡献应占全部无形资产的 10%。进一步对比财务报表，完成对比公司分成率计算表，如表 2 - 38 所示。

表 2 - 38　对比公司分成率计算表

对比公司	年份	无形资产在资本结构中的比例	无形资产中商标的比例	商标在资本结构中的比例	税息折旧/摊销前利润总额(EBITDA)	专利对现金流的贡献	营业收入	专利提成率
A	2013 年							
	2014 年							
	2015 年							
	2016 年							
B	2013 年							
	2014 年							
	2015 年							
	2016 年							
C	2013 年							
	2014 年							
	2015 年							
	2016 年							
平均值								

其中，税息折旧/摊销前利润总额（EBITDA）的数值假设，如表 2－39 所示。

表 2－39　　对比公司税息折旧推销前利润总额（EBITDA）表

公司	年份	税息折旧摊销前利润总额（EBITDA）
A	2013 年	16 707.2
	2014 年	12 873.5
	2015 年	17 986.4
	2016 年	19 819.8
B	2013 年	14 985.8
	2014 年	18 653.7
	2015 年	20 345.1
	2016 年	13 367.9
C	2013 年	19 789.5
	2014 年	19 525.5
	2015 年	20 781.1
	2016 年	18 406.6

（3）对比公司销售毛利率的计算。根据可比公司的利润完成情况，对比公司的销售毛利率表，如表 2－40 所示。

表 2－40　　对比公司销售毛利率表

对比公司名称	2016 年	2015 年	2014 年	2013 年	平均
A					
B					
C					
平均值					

（4）确定销售收入分成率。根据以往销售情况，甲公司与委估商标相关产品的平均毛利率约为 26.4%。根据以上销售毛利率数据，目标公司委估无形资产的提成率如下，由此得到本次评估的商标销售收入分成率取 0.91%（税前），销售收入净分成率为 0.77%（该公司适用 15%所得税税率）。分成率估测表，如表 2－41 所示。

表 2－41　　分成率估测表

项目	对比公司平均销售毛利率	目标公司销售毛利率	差异率	对比公司商标提成率平均值	目标公司专利提成率
	A	B	C=B÷A	D	E=C×D
委估无形资产					

4. 折现率的选取

无形资产的折现率既不可直接使用加权资本成本，也不可使用股权或债券的收益率。无形资产折现率 Ri 计算公式为：

$$R_i=\frac{全部资产}{无形资产}\left(WACC-R_c\frac{营运资金}{全部资产}-R_f\frac{有形非流动资产}{全部资产}\right)$$

其中：$\frac{营运资金}{全部资产}$、$\frac{有形非流动资产}{全部资产}$的确定参照资本结构的计算表。

R_c——营运资金回报率；

R_f——有形非流动资产回报率；

而

$$WACC=K_e\times W_e+K_d\times(1-t)\times W_d$$

其中：

$WACC$——加权平均资本成本；

K_e——行业普通权益资本成本；

K_d——行业债务资本成本；

W_e——权益资本在资本结构中的百分比；

W_d——债务资本在资本结构中的百分比；

t——行业所得税税率。

本次评估，甲公司的 $WACC$ 为 12%。

根据 3 家对比公司经营数据计算下列平均值：

$\frac{营运资金}{全部资产}$

$\frac{有形非流动资产}{全部资产}$

$\frac{无形资产}{全部资产}$

营运资金回报率(R_c)取 1 年期贷款利率 4.35%，有形非流动资产回报率(R_f)取 5 年以上期贷款利率 4.90%。因此，套用无形资产折现率的计算公式计算无形资产折现率。

5. 收益年限的确定

商标权具有时间性、地域性，在有效期内，商标权受法律保护。我国《商标法》规定，注册商标的保护期限为核准注册日起的 10 年，注册商标有效期满，需要继续使用的，可以在期满前 6 个月内申请续展注册，并可无限续展。按照上述规定，通常认为商标所有权的寿命期是无限年期的。因此，本次商标权评估的收益期限按照无限期计算。

完成委估商标权收益法评估结果表，如表 2-42 所示，估测商标权的价值。

表 2-42　　商标权收益法评估结果表

项目	2017 年 4～12 月	2018 年	2019 年	2020 年	2021 年及以后
销售收入					
净分成率					

（续表）

项目	2017 年 4～12 月	2018 年	2019 年	2020 年	2021 年及以后
分成后净收益					
折现率					
年份					
折现系数					
折现值					
评估值					

要求：

按案例要求完成商标权评估。

注：可比公司选取范围可参考附录 B。

三、思考与讨论

1. 选择的可比公司不同时，对分成率有什么影响？
2. 选择的可比公司不同时，对折现率有什么影响？

第三章 机器设备评估案例

第一节 自 制 立 罐

一、教学指导

1. 实验目的

(1) 掌握国产自制机器设备重置成本测算。

(2) 掌握成新率的测算。

2. 实验重点

(1) 重置成本工作底稿的编制。

(2) 成新率工作底稿的编制。

3. 实验参考课时

1 课时。

二、评估案例

1. 基本资料

评估目的：企业产权转让，其中的固定资产评估。

评估基准日：2016 年 10 月 30 日。

设备名称：不锈钢立罐。

设备规格型号：30T。

制造厂：自制。

启用日期：1996 年 5 月。

账面原值：14 537.50 元。

账面净值：13 271.51 元。

数量：1 台。

该立罐容积为 30 吨，约为 30 立方米，主材为 304 不锈钢，立罐采用冷压成型，手工电弧焊焊接，焊缝全部进行磁粉探伤，焊后消除应力整体热处理，安装完毕后先进行水压试验，水压试验合格后进行气密性试验。罐体内外未进行防腐，无保温。

该设备正常使用，不存在功能性贬值和经济性贬值。立罐主要参数表，如表 3-1 所示。

表 3-1　　立罐主要参数表

	参数名称	内容	单位	参数	说明(备注)
1	储存介质				
2	设计容积		m^3	30	
3	公称容积		m^3	36	
4	立罐表面积		m^2	53	
5	立罐直径 Φ	按图纸或实测	m	3.2	
5	立罐高度 h	按图纸或实测	m	4.5	
6	壁厚 δ	按图纸或实测	mm	4	
7	设计压力	按图纸	Mpa	1.77	
8	试验压力	按图纸	Mpa	1.86	
9	工作压力	按图纸或实地勘察情况	Mpa	1.57	
10	设计温度	按图纸	℃	50℃	
11	工作温度	按图纸	℃	常温	
12	主体材质	按图纸		304 不锈钢	
13	焊缝系数	按图纸		1	
14	罐外壁防腐情况	按图纸或实地观测		无	
15	罐内壁防腐情况	按图纸或实地观测		无	
16	罐总重量	按图纸计算(理论)	T	2.24	
17	罐防腐总面积	按立罐表面积理论计算	m^2	—	

2. 重置全价

经市场调查，评估基准日主材厚度为 3 mm 的 304 不锈钢市场含税购买价：16 000.00 元/吨。基准日重置全价测算，如表 3-2 所示。

表 3-2　　立罐评估测算表

	项目名称	计算依据和计算公式	单位	参数	金额
一	主要材料费	＝罐体重量×主材费×(1＋运杂费率)×(1＋主材损耗率)＝(1.5)＋(1.6)	元		
1.1	主材费单价	向材料销售厂商电询价格	元/吨	16 000	—
1.2	罐体重量	按图纸测算和实际现场勘察情况确定	吨	2.24	—
1.3	主材损耗率	按原石化工业部公布的立罐制作指标综合确定	0.034 1	0.034 13	—

（续表）

	项目名称	计算依据和计算公式	单位	参数	金额
1.4	材料运杂费率	按《资产评估常用数据与参数手册》与设备类别综合确定		6	—
1.5	材料购买费	＝罐体重量×主材费×(1＋主材损耗率)＝(1.2)×(1.1)×[1＋(1.3)]	元		
1.6	材料运杂费	＝罐体重量×主材费×(1＋主材损耗率)×运杂费率	元		
二	立罐安装制作费	＝罐体重量×立罐安装单价	元		
2.1	其中：立罐安装单价	向有关立罐安装企业和相关的市场进行调查询价	元/吨	4 500	—
三	罐总防腐及保温费	＝防腐及保温单价×防腐保温总面积＝(3.1)×[(3.2)＋(3.3)＋(3.5)]	元		—
3.1	防腐及保温单价		元/平方米	0	—
3.2	罐外壁面积	按实测算	平方米	53	—
3.3	罐内壁面积	按实测算	平方米	53	—
3.4	其他防腐保温面积比率	按图纸测算和实际现场勘察情况确定			—
3.5	其他防腐保温总面积	＝罐外壁面积×其他防腐保温面积比率＝[(3.2)＋(3.3)]×(3.4)	平方米		—
四	罐体及制安费	主材料费＋立罐安装制作费＋罐总防腐及保温费＝(一)＋(二)＋(三)	元		
五	基础工程费	＝基础费＋场地平整费或开山费用＝(5.2)＋(5.4)			
5.1	基础费率	按《机械工业建设项目概算编制办法及各项概算指标》机械部(1995)第1041号文和《资产评估常用数据与参数手册》与设备类别综合确定		5	—
5.2	基础费	＝罐体及制安费×基础费率＝(四)×(5.1)			
5.3	场地平整或开山费用率	参照有关工程合同并结合现场勘察的实际综合确定		0	—
5.4	场地平整或开山费用	罐体及制安费×场地平整或开山费率＝(四)×(5.3)			—
六	其他费用	＝勘察设计费＋建设单位管理费＋建设工程监理费＝(6.1)＋(6.3)＋(6.5)			
6.1	勘察设计费	罐体及制安费×勘察设计费率＝(四)×(6.2)			

（续表）

	项目名称	计算依据和计算公式	单位	参数	金额
6.2	勘察设计费率	根据国家物价局同国务院勘察设计主管部门批准颁发的有关建筑物勘察设计费收费标准依据工程建筑的等级和工程造价综合确定		5	—
6.3	建设单位管理费	＝罐体及制安费×建设单位管理费率＝（四）×（6.4）			
6.4	建设单位管理费率	按国家物价局、建设部关于发布工程建设监理费有关规定的通知[（1992）价费字479号]和工程造价确定		3	—
6.5	建设工程监理费	＝罐体及制安费×建设工程监理费率＝（四）×（6.6）			
6.6	建设工程监理费率	按国家物价局、建设部关于发布工程建设监理费有关规定的通知[（1992）价费字479号]和工程造价确定		1.7	—
七	资金成本	＝（罐体及制安费＋基础工程费＋其他费用）×年资金成本率×工期÷2＝[（四）＋（五）＋（六）]×（7.2）×（7.1）÷2			
7.1	工期	按建设部颁发的《建筑安装工期定额》按工程内容综合确定	年	1	—
7.2	年资金成本率	按人民银行公布的评估基准日贷款期限相同的贷款利率确定		5.56	—
八	罐体价值	＝（四）＋（五）＋（六）＋（七）			
8.1	立罐体数量	现场勘查核实情况	套（个）	1	—
九	立罐体总值	＝（罐体价值）×（立罐体数量）＝（八）×（8,1）			
十	配套管道费	＝立罐体总值×配套管道费＝（九）×（十）			
10.1	其中：配套管道费率	评估人员与企业基建管理人员根据现场勘察情况和工程情况综合确定		5	—
十一	评估值（合计）	＝立罐体总值＋配套管道费＝（九）＋（十）			

表3－2中各计算参数的说明：

国内运杂费率为4%～8%，本次评估运杂费率取6%，根据《机械工业建设项目概算编制办法及各项概算指标》（机械部〔1995〕1041号文）和《资产评估常用数据与参数手册》与设备类别综合确定。

基础费率主要为桩基，一般为5%～15%，本次评估基础费率取5%，根据《资产评估常用数据与参数手册》和现场勘查的实际情况综合确定。

制安费立罐重量为计算基数，制安费用是评估人员会同企业管理人员共同向有关制造安装企业和相关的市场进行调查询价取得。

防腐保温费用：现场勘查表明立罐表面无防腐保温。

材料损耗率为0.03 413，根据石化工业部公布的立罐制作指标综合确定。

其他费用主要包括勘察设计费、建设单位管理费、工程建设监理费。勘察设计费根据国家物价局同国务院勘察设计主管部门批准颁发的有关建筑物勘察设计费收费标准，依据建筑物等级的工程造价确定费率；建设单位管理费和建设单位临时施工费按国家计划发展委员会[计价格〔1999〕1283号]和工程造价确定费率；工程监理费按国家物价局、建设部关于发布工程建设监理费有关通知[〔1992〕价费字479号]和工程造价确定费率。

配套管道主要包括立罐的各种阀门和管线，配套管道费是由评估人员与企业设备管理人员根据现场实际情况和实际发生情况综合确定的。

要求：

完成重置全价评估工作底稿。

3. 成新率

该设备从安装调试完毕后使用到评估基准日已使用时间为20.57年，估测尚可使用9年(根据《资产评估常用数据与参数手册》有关参数和评估人员现场与企业工程技术人员及设备维护人员调查了解有关情况后综合确定)。

$$理论成新率 = 尚可使用年限 \div (尚可使用年限 + 已使用年限) \times 100\%$$

通过技术测定及现场观察，该设备主要结构技术成新率测算表，如表3-3所示。

表3-3　　技术成新率测算表

技术测定及观察项目	标准值	实 测 情 况	实测新度系数	实际成新率
罐体	65	材质符合国家有关标准规定、罐壁局部有轻微损伤，罐体无明显变形，盛水试漏合格，腐蚀轻微均匀、减薄量在腐蚀裕度许可范围内，工况较好	35	22.75%
罐体焊缝	15	焊缝规整，无焊疤和锈蚀等缺欠，焊缝完整、无超标缺欠	35	5.25%
罐体安全附件	5	罐体安全附件功能良好、可靠，连接部位无泄漏	32	1.6%
罐体基础系统	10	罐体基础可靠，未发现基础下沉现象	32	3.2%
管道系统及其他	5	管道系统完好，其他尚可	33	1.65%
小计	100			34.45%

技术鉴定成新率为34.45%。

$$综合成新率 = 技术成新率 \times 60\% + 年限成新率 \times 40\%$$

要求：

完成评定估算。

三、思考与讨论

1. 根据本案例，确定自制设备重置全价时，应从设备制造安装单位获得哪些资料？
2. 现场观察技术成新率时，应注意哪些问题？

第二节　外购生产线

一、教学指导

1. 实验目的

（1）掌握国产外购机器设备重置成本测算。
（2）掌握成新率的测算。

2. 实验重点

（1）重置成本工作底稿的编制。
（2）成新率工作底稿的编制。

3. 实验参考课时

0.5 课时。

二、评估案例

1. 基本资料

设备名称：数控横剪生产线。
设备型号：XBJ32－60。
设备编号：162－028。
生产厂家：××机电装备股份公司。
启用日期：2014 年 1 月。

采用数控技术，对变压器生产用硅钢片进行自动剪切。剪切精度、宽度、公差：0.1 mm；毛刺不大于 0.03 mm；S 度偏差在 2 000 mm 内单向不大于 0.2 mm。

主要设备技术参数如下：
送料速度：15 m/min。
剪切精度：±0.2 mm。
剪切宽度：(60—640)mm。
剪切长度：(400—3 500)mm。
剪切厚度：(0.23—0.35)mm。
安装容量：30 kW。

电源电压：三相(380±10%)V。

2. 重置成本

经询价并考虑成交折扣，评估基准日购置价(含运费)约170万元人民币，从厂商至企业运费为3%，则设备购置价为165万元(取整)，该设备的重置成本计算，如表3-4所示。

表3-4　重置成本计算表

序号	项目名称	币种	计算公式	计算值
1	设备购置价格	人民币		
	设备购置价格(不含税)			
2	运费	人民币	3.0%	
3	安装调试费(含基础)	人民币	1×2%	
4	勘察设计费	人民币	(1+2+3)×2.15%	
5	监理费	人民币	(1+2+3)×1.3%	
6	建设单位管理费	人民币	(1+2+3)×1.0%	
7	资金成本	人民币	(1+2+…+5)×6.57%×1×0.5	
	重置成本	人民币	1+2+…+7	

3. 成新率

参照《资产评估常用参数与数据手册》，取该设备的经济寿命年限为18年，已使用1.85年。

$$年限成新率 = (经济寿命年限 - 已使用年限) \div 经济寿命年限 \times 100\%$$

现场勘察成新率表，如表3-5所示。

表3-5　现场勘察成新率表

设备部位	技术状态	标准分	勘察分
冲床剪床系统	运转正常	35%	33%
送料出料系统	运转较正常，磨损在正常范围内	15%	13%
控制系统	工作正常	20%	18%
动力系统	工作正常，无异常声音	15%	13%
安全及外观	表面完好，工作正常	15%	13%
合计		100%	90%

$$成新率 = 年限成新率 \times 40\% + 现场勘察成新率 \times 60\%$$

要求：

完成评定估算。

三、思考与讨论

1. 对外购设备，有哪些询价途径？
2. 若该设备已停产，如何询价？

第三节　进口落料线

一、教学指导

1. 实验目的

掌握进口设备成本法估值。

2. 实验重点

进口设备重置全价的测算。

3. 实验参考课时

0.5 课时。

二、评估案例

1. 基本资料

设备名称：落料线　　　　　　　　规格型号：6 300 KN

生产厂家：T 国 F 公司

购置年月：20××年 4 月　　　　　启用年月：20××年 4 月

账面原值：54 900 966.81 元　　　账面净值：48 816 109.71 元

主要技术参数：（略）

工艺流程图，如图 3－1 所示。

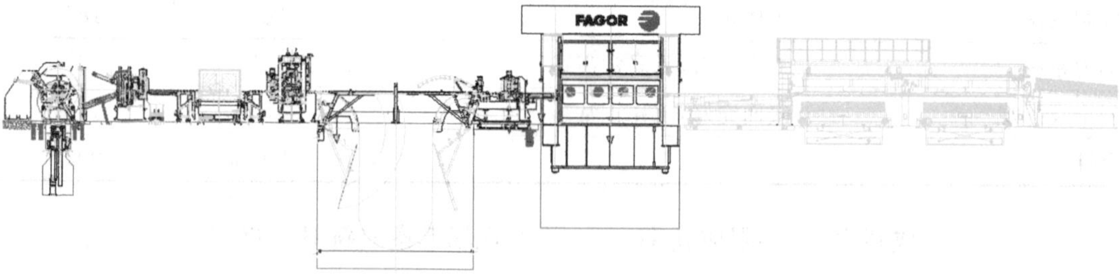

开卷　切头　清洗　矫直　活套　喂料辊　压机　输送皮带　1 堆垛机　2 堆垛机　抛料台

图 3－1　工艺流程图

2. 重置成本

根据设备的技术参数，向T国F公司销售部门询价取得FOB价为595万欧元，境外运费费率取FOB价的3%，境外运输保险费费率取0.5%，境外运输保险费费率基数为FOB价＋境外运费。

CIF价＝FOB价＋境外运费＋境外运输保险费

由于属于国家鼓励项目，该设备大部分免税。但该设备的压力机组部分不符合免税条件需照章纳税，纳税部分原值占全部设备原值的31%，关税税率12%，由于该公司是一般纳税人企业，评估值为不含税价。

银行财务费率本次评估取CIF价的0.4%；

外贸手续费率本次评估取CIF价的1.5%；

商检费率本次评估取CIF价的0.3%；

国内运杂费率本次评估取CIF价的2%；

安装调试费率本次评估取CIF价的2%；

设备基础费率本次评估取CIF价的5%。

建设期资金成本按建设期为21个月，银行贷款利率为x%，均匀使用，实际利率y%＝CIF价的$(1+x\%)^{21/12/2}-1$。

$$\text{评估原值} = \text{CIF价} \times \text{基准日汇率} \times (1 + 31\% \times 12\% + 0.4\% + 1.5\% + 0.3\% + 2\% + 2\% + 5\%) \times (1 + y\%)$$

3. 成新率

该设备以技术鉴定法和使用年限法，确定其成新率。

(1) 年限法成新率(取整)。该设备是钢材加工专用设备，其经济寿命一般为15年，已使用1.75年。

(2) 观察法成新率(取整)。根据设备检验记录并通过评估人员现场观察。技术鉴定成新率，如表3-6所示。

表3-6　技术鉴定成新率

序号	项目	鉴定情况	应得分	实测分
1	工艺技术性能	加工速度和加工精度能达到设计要求，能满足开料落料工艺的要求，产品合格，质量符合要求；	30	27
2	传动系统	传动装置运行正常，无异常磨损；速度调节可靠；操纵系统灵敏准确；	20	18
3	机架系统	机架整体刚性强，工作辊有正常磨损，滑动轴承工作正常，能满足生产要求；	25	22.5
4	操作控制系统	控制系统运行稳定，可完成高速送料高精度定尺设定，显示荧幕清晰；	20	18
5	外观及完整性	外观较新，各装置配置完整	5	4.5
	合计		100	90

(3) 综合成新率 = 年限成新率 × 40% + 技术鉴定成新率 × 60%(取整)。

要求:

查询基准日汇率为(　　),完成评定估算。

三、思考与讨论

如果本案例中的设备是国产设备,在确定重置全价时,与进口设备的主要差别在哪里?

第四章　企业价值评估案例

第一节　概　　述

一、案例背景

某上市公司拟非公开发行股票募集资金收购 LX 新材料股份有限公司(简称 LX 公司)部分股权。本次评估是为上述经济行为提供 LX 公司全部股东权益的价值参考意见。

LX 公司执行《企业会计准则》,提供了近 5 年经审计后的财务报告。

LX 公司作为高新技术企业,减按 15%的税率征收企业所得税。

LX 公司有 3 家全资子公司(详见资产基础法资料)。

LX 公司“无形资产——其他无形资产”中无账面值部分包括专利、商标等(详见资产基础法资料)。

LX 公司存在非经营性资产和溢余资产(详见收益法资料)。

评估基准日:2015 年 12 月 31 日。

二、教学指导

1. 实验目的

(1) 掌握资产基础法、收益法在企业价值评估中的应用。

(2) 独立进行两种方法的评估差异分析。

2. 实验重点

(1) 专业数据库的使用。

(2) 资产基础法分科目评估。

(3) 收益法现金流预测、WACC 测算。

(4) 对两种方法评估差异的理解。

3. 实验参考课时

1) 资产基础法

方式一:仅完成评定估算,18～24 课时。

方式二：评估时，补充附录 A 程序讲解，24～36 课时。

2）收益法

方式一：WACC 测算中，不需要独立选择可比公司，10～12 课时。

方式二：WACC 测算中，分组(如 3 人一组)选择 3 家可比公司，18～24 课时。

方式三：WACC 测算中，独立选择 3 家可比公司，24～36 课时。

第二节　资产基础法评估

一、流动资产

1. 货币资金——库存现金

1）清查情况

LX 新材料股份有限公司下设有 1 个分公司和 6 个办事处。现金账面金额 1 406 416.12 元。明细见表 4-1。

表 4-1　　库存现金清查表

序号	存放部门(单位)	币种	外币账面金额	评估基准日汇率	账面价值
1	财务部(分公司)	人民币			34 044.68
2	总部现金	人民币			1 162 920.10
3	广州办现金	人民币			24 558.60
4	青岛办现金	人民币			31 836.80
5	西南办现金	人民币			1 790.90
6	武汉办现金	人民币			76 550.40
7	上海办现金	人民币			74 714.64
	合计				1 406 416.12

2）评估过程

委估单位的现金由评估人员和委估单位有关人员一起在现场盘点予以核实。将盘点日实际现金数量加上基准日至盘点日之间付出的现金，减去基准日至盘点日之间收入的现金得到基准日的现金余额，推算出的实际现金余额和账面现金余额两者之差来确定基准日账实是否相符。以盘点日实际现金数加上基准日至盘点日之间付出的现金减去基准日至盘点日之间收入现金得到基准日的现金余额，等于基准日库存现金账面余额。

经盘点，现金清查结果与委估单位在资产评估清查明细表中填报的数量完全相符。委估单位的财务现金管理制度较健全，现金进出手续完备，现金清查结果与委估单位在资产评估清查明细表中填报的数量相符。

3）评估结果

现金按清查核实后的账面金额确认。

要求:

完成评估明细表中该科目评估值。

2. 货币资金——银行存款

1) 清查情况

委估单位银行存款账面金额82 478 492.30元,共有11笔明细账,其中,分公司2笔,为人民币账户;LX新材料股份有限公司9笔,为7个人民币账户,1个美元账户和1个港币账户,明细见表4-2。

表4-2 银行存款清查表

序号	开户银行	账号	币种	外币账面金额	评估基准日汇率	账面价值
1	南京银行X市1支行(分公司)	××××××××1	人民币			1 393 686.32
2	招商银行X市1支行(分公司)	××××××××2	人民币			750.14
3	中国银行S市1分行	××××××××3	人民币			18 523 560.02
4	中国银行S市2支行	××××××××4	人民币			283 275.84
5	招商银行S市1支行	××××××××5	人民币			6 232 102.48
6	平安银行S市1支行	××××××××6	人民币			48 740 766.24
7	平安银行S市2支行	××××××××7	人民币			5 548 047.86
8	建设银行S市1支行	××××××××8	人民币			543 561.12
9	北京银行S市1支行	××××××××9	人民币			33 336.30
10	中国银行S市1支行美元账户	×××××××10	美元	83 284.27		1 081 629.48
11	中国银行S市1支行港币账户	×××××××11	港币	58 354.52		97 776.50
	合计					82 478 492.30

2) 评估过程(附表A-1)

评估人员按银行对账单和银行存款日记账余额进行清查核实,完全相符。委估企业会计制度执行较严,支付款项由专人签字,银行存款管理较好。

3) 评估结果

人民币账户按清查核实后的账面金额确认,外币账户按外币账面金额×评估基准日汇率确认评估值。

要求:

1. 查询评估基准日汇率。
2. 完成评估明细表中该科目评估值。

3. 货币资金——其他货币资金

1）清查情况

其他货币资金账面金额 14 575 821.12 元，为银行承兑汇票保证金账户，明细见表 4－3。

表 4－3　　其他货币资金清查表

序号	名称及内容	用途	币种	外币账面金额	评估基准日汇率	账面价值
1	中国银行 S 市 1 分行	保证金户	人民币			14 575 821.12

2）评估过程

评估人员按银行对账单和银行存款日记账余额进行清查核实，完全相符。为取得贷款，该公司所有银行承兑汇票保证金进行了质押。

3）评估结果

其他货币资金按清查核实后的账面金额确认。

要求：

完成评估明细表中该科目评估值。

4. 应收票据

1）清查情况

应收票据账面金额 13 946 541.32 元，共 51 笔，均为应收货款（详见 LX 公司清查申报表电子版）。

2）评估过程（附表 A－2）

应收票据均为不带息的银行承兑汇票。部分票据已经被该公司通过银行托收，因此，评估人员采用查验票据、背书复印件及银行托收凭证等相关资料的方法，确定债权的存在。

3）评估结果

应收票据按清查核实后的账面金额确认。

要求：

完成评估明细表中该科目评估值。

5. 应收账款

1）清查情况

应收账款账面原值 246 526 377.28 元，坏账准备 15 374 473.84 元，应收账款账面净值 231 151 903.44 元，共 1 161 笔，系应收的货款（详见 LX 公司清查申报表电子版）。账龄分析，如表 4－4 所示。

表 4-4　　应收账款账龄分析表

账龄	金额(元)	金额比例	笔数(户)	数量比例
1 年以内				
1～2 年				
2～3 年				
3～4 年				
4～5 年				
5 年以上				
合计				

公司对账龄在 5 年以上的款项计提了全额坏账准备，对 4 年以上的款项计提了 80%的坏账准备。发现下列 21 笔应收账款，因对方企业倒闭等原因，无法收回的可能性较高，企业已经全额计提了坏账准备，明细见表 4-5。

表 4-5　　全额计提坏账准备清查表

序号	欠款单位名称(结算对象)	业务内容	账龄	账面价值	调查情况
1	公司 85	货款	1 年以内	1 949 960.00	倒闭，无法收回
2	公司 121	货款	1～2 年	612 795.40	倒闭，无法收回
3	公司 138	货款	1～2 年	467 130.00	倒闭，无法收回
4	公司 147	货款	1 年以内	383 910.00	倒闭，无法收回
5	公司 161	货款	1 年以内	313 630.00	倒闭，无法收回
6	公司 165	货款	1 年以内	301 200.00	倒闭，无法收回
7	公司 179	货款	1～2 年	258 800.00	倒闭，无法收回
8	公司 197	货款	1 年以内	220 000.00	倒闭，无法收回
9	公司 216	货款	1～2 年	189 140.00	倒闭，无法收回
10	公司 223	货款	1～2 年	181 220.00	倒闭，无法收回
11	公司 236	货款	1～2 年	168 964.00	倒闭，无法收回
12	公司 247	货款	1 年以内	160 480.00	倒闭，无法收回
13	公司 250	货款	1～2 年	155 850.00	倒闭，无法收回
14	公司 266	货款	1～2 年	133 100.00	倒闭，无法收回
15	公司 284	货款	1 年以内	121 210.48	倒闭，无法收回
16	公司 293	货款	3～4 年	112 432.02	倒闭，无法收回
17	公司 295	货款	1～2 年	111 290.00	倒闭，无法收回
18	公司 296	货款	1 年以内	111 020.00	倒闭，无法收回

（续表）

序号	欠款单位名称(结算对象)	业务内容	账龄	账面价值	调查情况
19	公司 300	货款	1～2 年	104 425.00	倒闭，无法收回
20	公司 301	货款	4～5 年	104 240.00	倒闭，无法收回
21	公司 513	货款	1～2 年	31 050.00	倒闭，无法收回

2）评估过程(附表 A－3)

评估人员通过对委估单位提供的应收款项明细表上应收款项的户名、发生时间、金额、业务内容对照记账凭证、有关文件资料进行清查核实，确定其真实性和可靠性。对部分往来进行了函证，对未进行函证的企业，评估人员进行了替代程序。

3）评估结果

对于 21 笔无法收回的应收账款，评估为 0 元；对于 4 年以上的应收账款，账龄长，占用了企业的资金成本，评估为 0 元；其余应收账款核实无误，按清查核实后的账面金额确认；坏账准备已在各项应收账款收回可能性中考虑，评估为 0 元。

要求：

1. 完成清查情况中的账龄分析表。
2. 完成评估明细表中该科目评估值。

6. 预付账款

1）清查情况

预付账款账面金额 1 470 573.66 元，共 16 项，主要为预付的材料款、货款等(详见 LX 公司清查申报表电子版)。账龄分析表略。

2）评估过程(附表 A－4)

评估人员通过对被评公司提供的明细表上的户名、发生时间、金额、业务内容对照记账凭证、付款凭证等进行清查核实，确定其真实性和可靠性。评估人员抽取了记账凭证、付款依据、相关合同和有关文件资料进行了替代程序，确认预付账款的真实性，据了解预付款项基本不会产生坏账。

3）评估结果

账龄在 3 年以上的 0.4 元为尾差，评估为 0 元，其余按清查核实后的账面金额确认。

要求：

完成评估明细表中该科目评估值。

7. 其他应收款

1）清查情况

其他应收款账面原值 95 257 223.90 元，坏账准备 598 885.52 元，其他应收款账面净值

94 658 338.38 元，共有 68 项，为应收的内部往来、保证金等（详见 LX 公司清查申报表电子版）。账龄分析表略。

2）评估过程（附表 A－5）

对其他往来款评估人员查阅了有关合同和凭证，核对了总账、明细账，确认无误。评估人员对往来款采用了替代程序核实了账面价值，并向公司的财务人员逐笔了解了其他应收款的回收情况，确认其他应收款的真实性。

其中，3 家子公司款项均为内部往来款，占其他应收款 93.32%，内部核对，金额一致，明细，如表 4－6 所示。

表 4－6　　其他应收税清查表

序号	欠款单位（人）名称（结算对象）	业务内容	账龄	账面价值（元）	金额比例
1	B 子公司	内部往来	1 年以内	82 264 796.96	86.36%
2	A 子公司	内部往来	1 年以内	4 024 558.02	4.22%
3	C 子公司	内部往来	1 年以内	1 647 640.68	1.73%

经查，职工续某借款 42 000.00 元，廖某借款 20 000.00 元，两人均已离职，款项无法收回。

3）评估结果

对无法收回的两名职工借款评估为 0 元，其余按清查核实后的账面金额确认。

要求：

完成评估明细表中该科目评估值。

8. 存货——原材料

1）清查情况

原材料账面金额 27 552 783.68 元，共 156 项，主要为各个型号的锡膏和锡膏罐等材料（详见 LX 公司清查申报表电子版）。

2）评估过程（附表 A－6）

评估人员在委估单位财务人员和原材料仓库人员陪同下至企业仓库一起对原材料进行了抽查盘点，盘点情况基本良好。

3）评估结果

$$原材料评估值=实际数量\times市场价值$$

要求：

完成评估明细表中该科目评估值。

9. 存货——产成品(库存商品)

1）清查情况

产成品账面金额 36 419 181.18 元,共 312 项(详见 LX 公司清查申报表电子版)。

2）评估过程(附表 A-6)

评估人员在委估单位财务人员和仓库人员陪同下至企业仓库一起对产成品进行了抽查盘点,产成品盘点情况基本良好。

产成品评估单价＝不含增值税销售单价－销售费用－销售税金及附加－所得税－部分净利润
＝不含增值税销售单价[1－销售费用率－销售税金及附加率－所得税税率－销售利润率×(1－所得税税率)×净利润折减率]

由于 LX 公司和下属的 3 家全资子公司存货属关联交易,故评估采用的不含税售价均采用母公司对外销售给第三方企业的不含税销售均价。各费率采用经审计的 3 年的合并财务数据的平均值,销售费用率 12.01%,销售税金及附加率 0.59%,销售利润率 5.19%;LX 公司所得税税率 15%,子公司所得税税率 25%;净利润折减率取 50%。

3）评估结果

产成品评估值＝实际数量×产成品评估单价

要求:

1. 产成品 63(序号 63)不含增值税销售单价 135.31 元/千克,计算评估单价,并填入评估明细表。
2. 完成评估明细表中该科目评估值。

10. 存货——在产品(自制半成品)

1）清查情况

产品账面金额 1 827 350.44 元,共 19 项,为中间料和半成锭(棒)等(详见 LX 公司清查申报表电子版)。

2）评估过程(附表 A-6)

在产品评估值＝核实后的账面金额＋适当利润。

经了解,在产品的完工程度从刚开始加工至已完工各种程度不等,但比较均匀,全部的平均完工程度相当于产成品的 50%,故按自制产成品评估增(减)值率的 50%作为在产品的适当利润率。LX 公司产成品增值率为 48.08%。

3）评估结果

在产品评估值＝核实后的账面金额×(1＋产成品增(减)值率×50%)

要求:

1. 完成在产品评估单价计算。
2. 完成评估明细表中该科目评估值。

11. 存货——发出商品

1) 清查情况

发出商品账面价值 30 420 942.90 元，共 245 项(详见 LX 公司清查申报表电子版)。存货跌价准备账面金额 258 335.06 元。

2) 评估过程(附表 A－6)

评估人员对发出商品进行了出库单以及函证的清查，核实无误。

发出商品中 3 笔因对方单位倒闭，导致货物以及货款均无法收回，对该部分发出商品计提了全额的跌价准备。

发出商品评估单价＝不含增值税销售单价－销售税金及附加－所得税－部分净利润

＝不含增值税售价[1－销售税金及附加率－所得税税率－销售利润率×(1－所得税税率)×净利润折减率]

由于 LX 公司和下属的 3 家全资子公司存货属关联交易，故评估采用的不含税售价均采用母公司对外销售给第三方企业的不含税销售均价。各费率采用经审计的 3 年的合并财务数据的平均值，销售费用率 12.01%，销售税金及附加率 0.59%，销售利润率 5.19%；LX 公司所得税税率 15%，子公司所得税税率 25%；净利润折减率取 50%。

3) 评估结果

发出商品评估值＝实际数量×发出商品评估单价

存货跌价准备评估为 0 元。

要求：

1. 发出商品 W538/3(序号 71)不含增值税销售单价 135.31 元/千克，计算评估单价，并填入评估明细表。

2. 完成评估明细表中该科目评估值。

二、非流动资产

1. 长期股权投资

1) 清查情况

长期股权投资账面金额 14 000 000.00 元，共 3 项，3 家公司的持股比例均为 100%，明细，如表 4－7 所示。

表 4－7 长期股权投资清查表

序号	被投资单位名称	投资日期	投资协议期限	持股比例	投资成本(元)	账面价值(元)
1	A 子公司	2008—05		100.00%	2 000 000.00	2 000 000.00
2	B 子公司	2012—12		100.00%	10 000 000.00	10 000 000.00
3	C 子公司	2013—07		100.00%	2 000 000.00	2 000 000.00

2）评估过程（附表 A－7）

对3家全资控股子公司，分别至公司所在地进行了企业价值评估（略）。

3）评估结果

对控股的长期投资，净资产额应对被投资单位进行整体评估后按评估结果计算：

控股的长期投资评估值 ＝ 投资比例 × 被投资单位基准日净资产评估值

要求：

完成评估明细表中该科目评估值。

2. 固定资产——房屋建筑物

1）清查情况

账面原值72 271 368.70元，账面净值54 820 855.08元，共9项，明细如表4－8所示（详见LX公司清查申报表电子版）。

表4－8　房屋建筑物清查表

序号	权证编号	建筑物名称	结构	建成年月	建筑面积（平方米）	成本单价（元/平方米）	账面原值（元）	账面净值（元）
1	S房地字第6000×××××1号	宿舍A	框架	1998/4/18	3 765.55	1 610.00	6 062 535.50	4 471 413.45
2	S房地字第6000×××××2号	宿舍B	框架	1998/4/18	3 397.89	1 610.00	5 470 602.90	4 023 309.94
3	S房地字第6000×××××3号	宿舍C	框架	1998/4/18	3 515.22	1 610.00	5 659 504.20	4 168 503.06
4	S房地字第6000×××××4号	宿舍D	框架	1998/4/18	3 648.22	1 610.00	5 873 634.20	4 326 220.33
5	S房地字第6000×××××5号	写字楼	框架	1998/4/21	5 776.42	2 470.00	14 267 757.40	10 879 309.43
6	S房地字第6000×××××6号	厂房A	框架	1998/4/18	8 358.56	1 630.00	13 624 452.80	10 388 451.69
7	S房地字第6000×××××7号	厂房B	框架	1998/4/18	11 050.84	1 630.00	18 012 881.70	13 734 219.26
8	—	厂房改造		2012/12/31			1 970 000.00	1 689 082.92
9	—	厂房改造施工		2012/12/31			1 330 000.00	1 140 345.00
	合计						72 271 368.70	54 820 855.08

2) 评估过程(附表 A－8)

评估人员对委估建筑物、构筑物进行了详细的现场查勘核实，对账面与实物不相符的部分进行了纠正，对建筑的结构特征和各部位完损状况做了现场记录。

评估人员的详细查勘除核实建筑物、构筑物数量及内容是否与申报情况一致外，主要查看：①房屋建筑物结构形式、面积、装修、配套设施及使用状况；②建筑物权属状况与权证记载是否一致，实物是否存在；③构筑物的结构形式、状况。

本次评估的评估基准日为 2015 年 12 月 31 日。根据 S 市 LX 新材料股份有限公司提供的房屋权属资料及评估人员现场勘查，委估房屋建筑物中宿舍、写字楼、厂房已办理房地产权证，本次评估对以上房屋建筑物建筑面积的认定以房地产权证列示为准。对未办理房地产权证的构筑物在委托方提供建筑面积的基础上由评估人员结合现场测量综合确定，并由委托方最终确认。

以厂房 A 成本法评估过程为例：

厂房为 5 层钢混结构建筑，建筑面积为 8 358.56 平方米。建筑物层高约为 4.9 米，平屋顶，地面为水磨石，外墙为马赛克，内墙为涂料，铝合金窗，竣工日期为 1998 年 4 月 18 日。

(1) 重置价值。

重置价值 ＝ 工程造价 ＋ 前期(专业) 费用 ＋ 管理费 ＋ 资金成本

第一，工程造价。工程造价可分别采用概预算编制法、预决算调整法和市价法等方法加以确定。

概预算编制法即按照图纸、有关技术资料及现行地区定额重新编制概预算的方法。引用新近竣工的工程时，因其工程造价基本接近现行建筑造价的工程项目，直接引用原结算的造价计算工程及其费用的组成内容，或者进行适当微调，故亦视同为概预算编制法。

预决算调整法即原工程造价决算所套用的定额不是现行定额及其取费规定，或采用同一定额但时间较长，建筑材料等市场变化较大，则采取利用原决算中的工程量或进行适当修改后，套用现行预算定额及取费标准计算工程造价方法。

市价法即在评估中通过可靠的途径，如利用近期竣工的同类型工程单方建筑造价或地方造价管理部公布的当期建筑单方造价等作为依据，计算被估项目单方造价的方法。委估房屋建筑物的建造日期、层数、层高、跨度、跨数、装修、设备等因素和选择的案例有差别时应进行调整，以调整后的建筑单方造价计算评估对象的单方造价。

厂房 A 参考 2015 年《S 市房屋建筑工程经济技术指标》公布的建筑安装工程造价指标和最近的造价行情(略)，选取比较实例的工程造价为 1 773 元/平方米。经分析，可比实例与厂房 A 需进行层高修正。工业类厂房一般为高度每增减 10 厘米造价相应地增减 1%，委估建筑物层高为 4.9 米，比较实例平均层高约为 5.4 米，则修正系数为 0.95[1＋(490－540)÷10×1%]。

第二，前期(专业)费的确定。前期(专业)费包括规划、设计费，可行性研究费，水文、地质勘探费为设计概算的 0.5%，建设工程定额编制管理费，类似工程招标费，建设工程执照费，以及各种预算费、审查费、标底编制费、临时建设费等。本次评估设计费、勘察费参照《工程勘察设计收费标准(2002 年修订本)》计算，监理费参照《建设工程监理与相关服务收费管理规定发改价格〔2007〕670 号》计算，根据该项目特点，评估人员认为前期(专业)费取 5%较妥。

第三，期间(管理)费的确定。建设单位管理费是指建设项目从立项到竣工验收交付使用，整个建设过程管理所需费用，包括新建项目为保证筹建和建设工作正常进行所需的办公设备、工作人员工资、办证费、技术图书资料费、竣工图费、竣工验收等。本次评估管理费参照《建设单位管理费取费标准(新建项目)建标(1996)628》计算。根据该项目特点，评估人员认为管理费取3%较妥。

第四，资金成本的确定。根据建设部颁发的《建筑安装工程工期定额》，委估建筑物合理的施工期为12个月。按照中国人民银行公布的金融机构贷款利率表，并考虑项目的整体实际情况，取银行短期贷款(半年至1年)，利率为4.35%，按建安等费用在施工期内均匀投入的原则计息。

利息 =（工程造价 + 前期专业费 + 期间管理费）× 利率 × 建设期 ÷ 2

第五，开发利润的确定。根据2015年企业绩效评价标准，根据企业的实际情况取开发利润率5%。

(1) 成新率。综合成新率采用加权平均，年限法权重取0.4，完好分值率法权重取0.6。

第一，年限法。委估建筑物的建成日期为1998年4月，已使用17年，但权利人在使用过程中于2012年进行过整体的翻新和改造，该建筑物为钢混结构，经现场勘查，至评估基准日，尚可使用年限约为45年。

年限成新率 =［尚可使用年限 ÷（已使用年限 + 尚可使用年限）］× 100%

第二，完好分值率法。评估人员依据《房屋完损等级评定标准》及评估人员的经验，根据现场勘查技术测定，采用打分法确定成新率。委估建筑物为钢混结构，评分修正系数为：结构部分为0.75、装修部分为0.05、设备部分为0.20。委估对象由于经过翻新和改造，因此，现场勘查时成新率较高。建筑物的各部分评定，如表4-9所示。

表4-9　成新率打分表

部分	名称	标准分	实测现状	打分	合计	权重
结构	基础	25	沉降较均匀，未发现明显沉降裂缝	20	80	0.75
	承重结构	25	结构基本稳定	20		
	非承重墙	15	墙体有裂纹，基本完好	12		
	屋面	20	屋面不漏水，未见明显裂缝	16		
	楼地面	15	楼地面有裂缝，陈旧	12		
装修	门窗	30	基本完好，陈旧	24	80	0.05
	外粉刷	30	完好，部分脱落，陈旧	24		
	内粉刷	20	完好，部分脱落，陈旧	16		
	顶棚	20	基本完好，陈旧	16		
设备	上下水管道	35	畅通，基本无堵塞	28	80	0.20
	照明设备	35	使用基本正常	28		
	动力线路	30	使用基本正常	24		

完好分值率 =（结构打分 × 评分系数 + 装修打分 × 评分系数
+ 设备打分 × 评分修正系数）× 100%

3）评估结果

厂房A的一部分已对外出租，租金：每平方米每月12元；租赁期限：2012年4月15日至2017年4月15日。考虑到评估基准日至租赁期限结束的时间较短，本次评估不考虑该租赁权益对评估价格的影响。

序号1～7采用成本法评估，评估价值＝重置价值×成新率

序号8、9均为厂房的装修改造费用，在建筑物中一同评估，不再单独评估。

要求：

1. 完成厂房A（第6项）的评估。
2. 完成评估明细表中该科目评估值。

3. 固定资产——构筑物

1）清查情况

账面原值6 816 760.00元，账面净值4 751 943.90元，共4项，明细如表4-10所示。

表4-10 构筑物清查表

序号	名称	结构	建成年月	计量单位	建筑面积（平方米）	账面原值（元）	账面净值（元）
1	铁皮棚	框架	2007/3/1	平方米	1 120.00	120 000.00	70 117.80
2	铁皮棚	框架	2007/3/1	平方米	1 120.00	120 000.00	70 117.80
3	护坡工程		2010/12/31			3 991 000.00	3 042 819.94
4	附属建筑工程		2007/7/1			2 585 760.00	1 568 888.36

2）评估过程

同建筑物。

3）评估结果

按成本法评估结果确认。

要求：

完成评估明细表中该科目评估值。

4. 固定资产——机器设备

1）清查情况

账面原值17 674 241.28元，账面净值9 643 519.22元，共289项，主要为生产焊锡膏、焊锡线、焊锡条加工设备，如锡炉、拉丝机、绕线机、搅拌机等（详见LX公司清查申报表电子版）。

评估人员在企业设备管理人员的配合下，根据被评估单位填报的固定资产清查明细表，对设备名称、型号规格、生产厂家、数量、购置日期、启用年月、账面原值和净值、使用状况以及各种增贬值因素进行了逐项清查核实。

企业设备会计折旧政策，如表 4－11 所示。

表 4－11　　折旧年限表

固定资产类别	折旧年限(年)	残值率
机器设备	6～22	5%
其中：专用设备	6～22	5%
通用设备	6～13	5%
运输设备	8～9	5%
其他设备	5～12	5%

2）评估过程(附表 A－9)

机器设备评估以现行市场售价为基础。

(1) 重置全价。重置全价是指在现时条件下，重新购置、建造或形成与评估对象完全相同或基本类似的全新状态下的资产所需花费的全部费用。

被评估设备均为国内购置的设备，在原地续用，重置全价以国内市场同类型设备的现行市价为基础，再加上有关的合理费用(如基础费、运杂费、安装调试费、资金成本等)来确定。本项评估中有关重置全价中不包含相应增值税。

(2) 成新率。

第一，重大设备成新率。在年限法理论成新率的基础上，再结合各类因素进行调整，最终合理确定设备的综合成新率。其计算公式为：

$$综合成新率 = 年限法理论成新率 \times 调整系数 K$$

其中：

年限法理论成新率 ＝［(经济使用年限 － 已使用年限) ÷ 经济使用年限］× 100%

调整系数 $K = K_1 \times K_2 \times K_3 \times K_4 \times K_5$

K_1——设备的原始制造质量；

K_2——设备的运行状态和故障率；

K_3——设备的利用率；

K_4——设备的维护保养(包括大修理等)情况；

K_5——设备的环境状况。

对超过一般经济使用年限还可继续使用的重大设备，成新率按以下公式确定：

$$成新率 = [尚可使用年限 \div (已使用年限 + 尚可使用年限)] \times 100\%$$

尚可使用年限按设备的实际运行状态确定。

第二，一般设备成新率。直接采用使用年限法确定。

$$成新率 = [(经济使用年限 - 已使用年限) \div 经济使用年限] \times 100\%$$

对超过一般经济使用年限还可继续使用的一般设备，成新率根据观察的实际运行状态直接确定。

3）评估结果

评估值 = 重置全价 × 成新率

要求：

完成评估明细表中该科目评估值。

5. 固定资产——车辆

1）清查情况

账面原值 8 505 356.38 元，账面净值 4 733 281.66 元，为 18 辆公务用车，5 辆货车，正常使用中（详见 LX 公司清查申报表电子版）。

2）评估过程（附表 A-9）

（1）重置全价。车辆重置全价计算公式如下：

车辆重置全价 = 车辆现价 + 车辆购置税 + 其他费用

车辆的其他费用主要包括验车费、拍照费、固封费、拓钢印费等。

对无法询价及查阅到价格的设备，用类似设备的现行市价经调整加以确定。

（2）成新率。对车辆成新率的确定，参照商务部、国家发展和改革委员会、公安部、环境保护部发布的关于《机动车强制报废标准规定》（商务部、发改委、公安部、环境保护部令 2012 年第 12 号）中的车辆规定报废年限和报废行驶里程数，结合《资产评估常用参数手册》中关于"车辆经济使用年限参考表"推算确定车辆经济使用年限和经济行驶里程数，以固定余额递减法计算车辆的理论成新率，再结合各类因素进行调整，最终合理确定车辆的综合成新率。

综合成新率 = 理论成新率 × 调整系数 K

其中：理论成新率 = $(1-d)^n$

调整系数 $K = K_1 \times K_2 \times K_3 \times K_4 \times K_5$

故综合成新率 = $(1-d)^n \times K_1 \times K_2 \times K_3 \times K_4 \times K_5$

$d = 1-\sqrt[N]{1/N}$ = 车辆使用首年后的损耗率；

$1-d$——车辆使用首年后的成新率；

$1/N$——车辆平均年损耗率；

k_1——车辆原始制造质量；

k_3——车辆维护保养情况；

k_5——车辆停放环境状况；

N——车辆经济耐用年限；

n——车辆实际已使用年限；

k_2——车辆利用率（参考行驶里程数）；

k_4——车辆运行状态。

3）评估结果

车辆评估值 = 重置全价 × 成新率

车牌价值取S市评估基准日单位车牌拍卖中间价(略)。

要求：

1. 查询评估基准日全新车辆重置成本。该车正常使用，车辆购置税税率10%，其他费用1 000元，调整系数K=1。完成奥迪轿车FV203BECBG(第11项)评估。

2. 完成评估明细表中该科目评估值。

6. 固定资产——电子设备

1) 清查情况

账面原值25 053 252.00元，账面净值13 853 871.02元，共1 766项，主要为电脑、打印机、空调等办公用设备，正常使用中(详见LX公司清查申报表电子版)。

2) 评估过程

(略)

3) 评估结果

$$评估值 = 重置全价 \times 成新率$$

要求：

完成评估明细表中该科目评估值。

7. 在建工程——设备安装

1) 清查情况

账面金额51 282.06元，是采购的2台轧机，因质量问题，公司未使用该机器，要求供货方退货，由于双方未协商好，公司现拟起诉(详见LX公司清查申报表电子版)。

2) 评估过程(附表A-10)

(略)

3) 评估结果

由于金额较小，不考虑资金成本等，按账面值作为评估值。

要求：

完成评估明细表中该科目评估值。

8. 无形资产——土地使用权

1) 清查情况

账面净值8 355 589.12元，共1项。

2) 评估过程(附表A-11)

评估人员在S市LX新材料股份有限公司有关人员的陪同下对土地使用权进行了清查。委估宗地已取得房地产权证，权证记载信息如下：

权利人：S市LX新材料股份有限公司(100%)；

宗地号：G×××××-×××9；

宗地面积：30 070.02平方米；

土地用途：工业用地；

所在区：L区；

土地位置：L区L街道S社区；

使用年限：50年，从1999年03月05日至2049年03月04日止。

委估土地使用权面积为30 070.02平方米。宗地评估基准日现状为五通一平，用途为工业用地。宗地系企业通过交易从L区L街道办事处取得。宗地位于L区L街道S社区，整个区域形状规则，路面质量较好。地块内市政基础设施齐备，周边土地以工业用地为主，工业企业积聚状况较好。

根据《城镇土地估价规程》，通行的土地评估方法有市场比较法、假设开发法、成本法、基准地价修正法和收益还原法等。由于土地出让实行招拍挂后，工业地块公开交易案例较多，因此土地使用权的评估首选市场比较法。比较实例概况及因素条件说明和比较因素条件修正，分别如表4-12和表4-13所示。

委估地块与3个可比案例情况，如表4-12所示。

表4-12　　比较实例概况及因素条件说明

比较因素 \ 案例		委估地块	案例A	案例B	案例C
坐落位置		L区L街道S社区	(略)	(略)	(略)
土地用途		工业	工业	工业	工业
土地面积(平方米)		30 070.02	33 298.91	19 573.34	32 896.80
交易价格(元)			36 400 000	39 200 000	59 800 000
交易单价(元/平方米)			759	801	727
交易日期			2014年5月	2013年12月	2013年12月
使用年限(年)		33	30	30	20
交易情况			成交价	成交价	成交价
区域因素	交通条件	交通条件一般	交通条件一般	交通条件一般	交通条件一般
	工业集聚度	工业集聚度较高	工业集聚度较高	工业集聚度较高	工业集聚度较高
	基础设施完备度	基础设施完备度一般	基础设施完备度一般	基础设施完备度一般	基础设施完备度一般
	公建配套完备度	公建配套完备度较高	公建配套完备度较高	公建配套完备度较高	公建配套完备度较高
	环境质量优劣度	环境较好	环境较好	环境较好	环境较好

（续表）

比较因素 \ 案例		委估地块	案例 A	案例 B	案例 C
个别因素	宗地形状	较规则	较规则	较规则	较规则
	规划限制	规划限制一般	规划限制一般	规划限制一般	规划限制一般
	临街状况	较好	较好	较好	较好
	土地用途	工业用地	工业用地	工业用地	工业用地

表 4－13　　比较因素条件修正

比较因素 \ 案例		委估物业	案例 A	案例 B	案例 C
交易日期修正		100			
交易情况修正		100	100	100	100
区域因素	交通条件	20			
	产业聚集度	20			
	基础设施完备度	20			
	公共配套设施	20			
	环境质量优劣度	20			
	小计	100			
个别因素	宗地面积	20			
	宗地形状	20			
	规划限制	20			
	临街状况	20			
	土地用途	20			
	小计	100			

修正说明如下：

交易日期修正：所选案例成交日期为 2014 年 5 月和 2013 年 12 月。根据中国动态地价监测网站公布的数据，2015 年 4 季度 S 市工业土地价格水平为 3 475，2014 年 2 季度为3 045，2013 年 4 季度为 2 761，因此案例 A 向上修正＋14，案例 B、C 分别向上修正＋26。

交易情况修正：案例 A、B、C 均为实际成交价格，故不作修正。

区域因素修正：委估对象与所选案例均位于同一区域，因此不作修正。

面积因素修正：委估对象面积较小，案例 B 面积与委估对象相近，因此不作修正。目前大面积的土地更有利于开发和利用，因此案例 A 和案例 C 分别向上修正＋3。

比较因素条件计算，如表 4 - 4 所示。

表 4 - 14　　比较因素条件计算

比较因素 \ 案例	案例 A	案例 B	案例 C
交易单价	759	801	727
交易日期修正			
交易情况修正			
区域因素修正			
个别因素修正			
修正后价格			
年期修正系数			
年期修正后价格			
权重	1/3	1/3	1/3
比准单价			

年期修正系数：根据房地产权证上的记载，委估对象的使用年限为 1999 年 03 月 05 日至 2049 年 03 月 04 日止，至评估基准日委估土地剩余的使用年限约为 33 年。所选案例的使用年限为 30 年及 20 年，因此需分别进行年限修正。土地还原率取 5.5%。

$$市场法评估结果 = 比准单价 \times 面积$$

3）评估结果

$$土地使用权价值 = 市场法结果 + 契税$$

要求：

1. 契税税率 3%，完成土地使用权评估底稿。
2. 完成评估明细表中该科目评估值。

9. 无形资产——其他无形资产

1）清查情况

其他无形资产账面值 428 038.96 元，系摊销的财务专用软件等的摊余值，明细如表 4 - 15所示。

表 4 - 15　　其他无形资产清查表

序号	无形资产名称和内容	取得日期	法定/预计使用年限(年)	原始入账价值(元)	账面价值(元)
1	K3 软件	2013.12	60	511 251.82	185 141.44
2	内网安全管控软件 V2.O(1/60)	2014.12	60	64 957.28	50 883.22

（续表）

序号	无形资产名称和内容	取得日期	法定/预计使用年限（年）	原始入账价值（元）	账面价值（元）
3	物流溯源系统	2015/9/1	60	116 981.14	109 182.42
4	企业管理系统软件	2015/12/1	60	59 829.04	58 831.88
5	X专利	2008/1/1	120	120 000.00	24 000.00

2）评估过程（附表 A－12）

经现场核查，LX公司其他无形资产还包括专利、商标和专有技术。截至评估基准日，本次评估的专利、专利申请技术、商标和专有技术不存在抵押、担保等情况。无形资产权利人未许可他人使用上述无形资产。

专利、商标和专有技术选用收益法进行评估。

$$P=\sum_{i=1}^{n}\frac{F_i}{(1+r)^i}$$

其中：P——评估值（折现值）；

r——所选取的折现率；

n——收益年期；

F_i——未来第 i 个收益期的预期收益。

无形资产的评估值＝未来收益期内各期收益分成额的现值之和

（1）专利。评估基准日 LX 公司拥有的专利及专利申请技术 12 项（表略），均已获得专利证书，年费已缴纳。

第一，销售收入预测。参考收益法评估，企业全部产品销售收入预测。

第二，专利销售收入分成率。选取同行业三家上市公司作为对比公司，根据上市公司的经营数据，提取销售收入分成率，分析过程（略）。

本次评估的专利销售收入分成率取 0.8%（税前），销售收入净分成率为 0.7%（税后）。

第三，专利收益年限。发明专利的保护期限为专利申请技术日起 20 年，实用新型专利、外观专利的保护期限为专利申请技术日起 10 年，委估专利中剩余保护期限最短的专利为 6.75 年。

在仔细分析和比较委估无形资产的特点后，并考虑同行业技术领域内相关技术的实际经济寿命年限，此次评估确定委估无形资产的剩余经济寿命至 2025 年 12 月 31 日，也就是本次评估的专利收益年限为 10 年。

第四，折现率。无形资产折现率 Ri 计算公式为：

$$R_i=\frac{\text{全部资产}}{\text{无形资产}}\left(WACC-R_c\frac{\text{营运资金}}{\text{全部资产}}-R_f\frac{\text{有形非流动资产}}{\text{全部资产}}\right)$$

其中：全部资产＝股权价值＋付息债权价值

营运资金＝流动资产－非付息负债

有形非流动资产＝有形非流动资产账面价值

无形资产＝全部资产－营运资金－有形非流动资产

R_c——营运资金回报率；

R_f——有形非流动资产回报率。

计算后（详见收益法评估），折现率取 21.6%。

(2) 商标。评估基准日 LX 公司拥有的注册商标有 9 项，均已获得商标证书，在注册有效期内，明细如表 4－16 所示。

表 4－16　　注册商标清查表

序号	权利人	商标	注册证号	注册类别	取得方式	注册有效期限
1	S 市 LX 新材料股份有限公司	LX	×××	1	申请	2010.07.21～2020.07.20
2		lx	×××	1	申请	2010.07.21～2020.07.20
3		Lx	×××	2	申请	2010.07.21～2020.07.20
4		LX	×××	2	申请	2010.07.21～2020.07.20
5		LX	×××	6	申请	2010.05.21～2020.05.20
6		LX	×××	6	申请	2010.05.21～2020.05.20
7		LX	×××	1	申请	2010.09.21～2020.09.20
8		LX	×××	2	申请	2010.08.14～2020.08.13
9		LX	×××	2	申请	2013.03.21～2023.03.20

第一，销售收入预测。参考收益法评估，企业全部产品销售收入预测。

第二，商标收益分成率。选取同行业 3 家上市公司作为对比公司，根据上市公司的经营数据，提取销售收入分成率，分析过程（略）。本次评估的无形资产销售收入分成率取 0.4%（税前），销售收入净分成率为 0.3%（税后）。

第三，商标收益年限。商标权具有时间性、地域性，在有效期内，商标权受法律保护。我国《商标法》规定，注册商标的保护期限为核准注册日起的 10 年，注册商标有效期满，需要继续使用的，可以在期满前 6 个月内申请续展注册，并可无限续展。按照上述规定，通常认为商标所有权的寿命期是无限年期的。因此，本次商标权评估的收益期限按照无限期计算。

第四，商标折现率。折现率的计算过程与专利相同，折现率取 21.6%。

(3) 专有技术。专有技术 6 项（表略）。

第一，销售收入预测。参考收益法评估，企业全部产品销售收入预测。

第二，专有技术收益分成率。选取同行业 3 家上市公司作为对比公司，根据上市公司的经营数据，提取销售收入分成率，分析过程（略）。本次评估的无形资产销售收入分成率取 2.7%（税前），销售收入净分成率为 2.3%（税后）。

第三，专有技术收益年限。委估的专有技术是 LX 公司的核心技术。其创新程度较高，在行业内属于领先的技术，短期内出现替代技术的可能性不高。在仔细分析和比较委估无形资产的特点后，并考虑同行业技术领域内相关技术的实际经济寿命年限，此次评估确定委估无形资产的剩余经济寿命至 2025 年 12 月 31 日，也就是本次评估专有技术的收益年限为 10 年。

第四，专有技术折现率。折现率的计算过程与专利相同，个别风险考虑专有技术泄密的风险取 0.5%，故折现率为 22.1%。

3）评估结果

软件等（序号 1～4）按照摊余账面价值确认评估值。

锡膏专利评估为 0（序号 5），按照收益法评估确认。

商标、专有技术按照收益法评估确认。

要求：

完成评估明细表中该科目评估值。

10. 长期待摊费用

1）清查情况

账面价值 6 335 695.84 元，共 14 项，是厂房、办公室等装修费用（详见 LX 公司清查申报表电子版）。

2）评估过程（附表 A－13）

公司从 2010 年 12 月开始逐步装修，原始发生总金额为 12 870 022.74 元，评估人员核实了相关装修合同，核实无误。

3）评估结果

本次装修费在房屋建筑物评估中统一考虑，故长期待摊费用评估为 0 元。

要求：

完成评估明细表中该科目评估值。

11. 递延所得税

1）清查情况

账面金额 4 215 815.50 元，共 7 项（详见 LX 公司清查申报表电子版）。

2）评估过程（附表 A－14）

经现场核查，该科目余额由可抵扣暂时性差异产生的，主要为计提各项减值准备和递延收益等。

3）评估结果

对计提的坏账准备均重新评估，故本次评估为 0 元。

专项应付款评估值 = 专项应付款账面值 × 企业所得税税率

要求：

完成评估明细表中该科目评估值。

三、流动负债

1. 短期借款

1）清查情况

账面金额 80 000 000.00 元，共 5 项，明细见表 4－17

表 4－17　　短期借款清查表

序号	放款银行或机构名称	发生日期	到期日	年利率	币种	账面价值(元)
1	中国银行 S 市 1 支行	2015/6/2	2016/6/2	6.12%	人民币	30 000 000.00
2	中国银行 S 市 1 支行	2015/8/20	2016/2/20	5.82%	人民币	10 000 000.00
3	中国银行 S 市 1 支行	2015/8/21	2016/8/21	5.82%	人民币	10 000 000.00
4	中国银行 S 市 1 支行	2015/10/10	2016/9/10	5.52%	人民币	20 000 000.00
5	中国银行 S 市 1 支行	2015/10/30	2016/8/30	5.52%	人民币	10 000 000.00
	合计					80 000 000.00

2）评估过程(附表 A－15)

评估人员清查核实了借款合同，确认该项负债属实。上述银行短期借款是为满足正常经营而必须的资金，通过查阅凭证，取得该笔借款的合同，进行核对。核对借款金额、借款种类、借款时间、借款期限、借款利率、有无抵押责任及手续等情况。经清查核实银行借款的真实性和完整性，查阅企业的相关会计凭证后确认无误。

3）评估结果

按清查核实后的账面金额确认。

要求：

完成评估明细表中该科目评估值。

2. 应付票据

1）清查情况

应付票据账面值 139 820 400.00 元，共 22 笔，均为应付货款(详见 LX 公司清查申报表电子版)。

2）评估过程(附表 A－16)

评估人员将应付票据申报表明细与相关账册、凭证进行了核对、核查。评估人员还采用了抽查原始发票等其他替代程序来确认债务的存在，应付票据均为实际需要承担的债务。

3）评估结果

按清查核实后的账面金额确认。

> **要求：**
> 完成评估明细表中该科目评估值。

3. 应付账款

1）清查情况

应付账款账面值 43 912 815.24 元，共有明细 34 项，均系应付的货款，账龄均在 1 年以内（详见 LX 公司清查申报表电子版）。

2）评估过程（附表 A－17）

评估人员将应付账款申报表明细与相关账册、凭证进行了核对、核查。评估人员还采用了抽查原始发票等其他替代程序来确认债务的存在，应付账款均为实际需要承担的债务。

3）评估结果

按清查核实后的账面金额确认。

> **要求：**
> 完成评估明细表中该科目评估值。

4. 预收账款

1）清查情况

账面金额 3 059 175.84 元，共 154 项，均系预收的货款（详见 LX 公司清查申报表电子版）。账龄分析，如表 4－18 所示。

表 4－18　预收账税账龄分析表

账龄	金额(元)	金额比例	笔数(户)	数量比例
1 年以内				
1～2 年				
2～3 年				
3 年以上				
合计				

2）评估过程（附表 A－18）

评估人员将预收账款申报表明细与相关账册、凭证进行了核对、核查。评估人员还采用了抽查原始发票等其他替代程序来确认债务的存在，预收账款均为实际需要承担的债务。

3）评估结果

按清查核实后的账面金额确认。

> **要求：**
> 1. 完成清查情况中的账龄分析表。
> 2. 完成评估明细表中该科目评估值。

5. 应付职工薪酬

1) 清查情况

账面金额 4 571 751.04 元，系应付职工工资、奖金等（详见 LX 公司清查申报表电子版）。

2) 评估过程（附表 A－19）

评估人员核对了明细账与总账的一致性。查阅了企业次月实际支付金额以及奖金的发放凭证，核实无误。

3) 评估结果

按清查核实后的账面金额确认。

> **要求：**
> 完成评估明细表中该科目评估值。

6. 应交税费

1) 清查情况

账面金额 13 141 043.46 元，共 13 项，系应付 S 市 L 税务局的企业增值税、企业所得税和个人所得税等（详见 LX 公司清查申报表电子版）。

2) 评估过程（附表 A－20）

评估人员核实了企业的纳税申报表，核实无误，个人所得税和企业所得税已在次月缴纳。

3) 评估结果

按清查核实后的账面金额确认。

> **要求：**
> 完成评估明细表中该科目评估值。

7. 其他应付款

1) 清查情况

账面金额 45 854 703.00 元，共 111 项，系应付的提成工资、业务员风险金等，账龄均在 1 年以内（详见 LX 公司清查申报表电子版）。

2) 评估过程（附表 A－21）

评估人员向 LX 新材料股份有限公司的财务了解到，该公司有专门的管理制度来管理业务员的提成工资和风险金，经核实计算过程和以往已支付的风险金和提成工资，并核对了总账、明细账，确认无误，确认债务属实。

3）评估结果

按清查核实后的账面金额确认。

要求：

完成评估明细表中该科目评估值。

四、非流动负债

1. 长期借款

1）清查情况

账面金额 19 996 000.00 元，共 1 项，明细，如表 4-19 所示。

表 4-19　长期借款清查表

序号	放款银行(或机构)名称	发生日期	到期日	年利率	币种	账面价值
1	中国银行 S 市 1 支行	2014/5/5	2017/5/5	6.82%	人民币	19 996 000.00

2）评估过程(附表 A-22)

评估人员清查核实了借款合同，确认该项负债属实。上述银行长期借款系为满足正常经营而必须的资金，通过查阅凭证，取得该笔借款的合同，进行核对。核对借款金额、借款种类、借款时间、借款期限、借款利率、有无抵押责任及手续等情况。经清查核实银行借款的真实性和完整性，查阅企业的相关会计凭证后确认无误。

3）评估结果

按清查核实后的账面金额确认。

要求：

完成评估明细表中该科目评估值。

2. 专项应付款

1）清查情况

账面金额 9 400 000.00 元，共 4 项，系各项尚未通过验收且正在进行中的项目补贴款项，明细如表 4-20 所示。

表 4-20　专项应付款清查表

序号	户名(结算对象)	款项内容	发生日期	账面价值(元)
1	市科技创新委员会	市战略性新兴产业发展专项资金	2015-1-29	200 000.00
2	市科技创新委员会	市电子焊接材料工程技术研究开发中心项目	2014-9-1	6 000 000.00

（续表）

序号	户名(结算对象)	款项内容	发生日期	账面价值(元)
3	区科技局	区人才培养计划	2014－12－29	200 000.00
4	市财政库款	节能环保项目——电子工业用环保清洗剂	2015—11	3 000 000.00
	合计			9 400 000.00

2）评估过程

评估人员查阅了有关合同和凭证，核对了总账、明细账，确认无误。经查：

序号1：目前该项目正在进行中，尚未验收。

序号2：系2014年9月收到的S市科技创新委员会的项目无偿资助。根据该项目的合同书，该项目从2014年8月开始实施，至2016年8月结束，截至评估基准日，该项目正在进行中。

序号3：系L区科技局拨付的人才培养经费。该项目于2014年12月开始，预计2016年年底结束，该项目正在进行中。

序号4：系S市财政库款拨付，该项目于2015年11月开始，预计2017年年底结束，该项目刚开始。

3）评估结果

按清查核实后的账面金额确认。

要求：

完成评估明细表中该科目评估值。

3. 其他非流动负债

1）清查情况

账面金额3 500 000.00元，共2项，各项补贴款项，明细如表4－21所示。

表4－21　　其他非流动负债清查表

序号	户名(结算对象)	发生日期	结算内容	账面价值(元)
1	市发改委	2012—6	××产业化项目补助	2 600 000.00
2	××关键技术研究项目补助	2013—5	××关键技术研究项目补助	900 000.00

2）评估过程

评估人员查阅了有关凭证，核对了总账、明细账，确认无误。经查：

××产业化项目补助，系S市发改委于2012年拨付的项目补助资金，总拨付金额为300万元，截至评估基准日还结余260万元。该项目于2014年9月通过验收。

××关键技术研究项目补助，系S市科技创新委员会于2013年拨付的技术研究开发专项资金，总拨付金额为400万元，截至评估基准日还结余90万元，该项目于2014年12月通过验收，后续无研发支出。

3）评估结果

均已验收通过，评估为 0 元。

要求：

完成评估明细表中该科目评估值。

五、评估结果

资产基础法评估结果汇总表，如表 4－22 所示。

表 4－22　　资产基础法评估结果汇总表

序号	科目名称	账面价值(元)	评估价值(元)	增减值(元)	增值率
1	一、流动资产合计	535 650 009.48			
2	货币资金	98 460 729.54			
3	交易性金融资产				
4	应收票据净额	13 946 541.32			
5	应收账款净额	231 151 903.44			
6	预付账款净额	1 470 573.66			
7	应收利息				
8	应收股利				
9	其他应收款净额	94 658 338.38			
10	存货净额	95 961 923.14			
11	一年内到期的非流动资产				
12	其他流动资产				
13	二、非流动资产合计	121 189 892.36			
14	可供出售金融资产净额				
15	持有至到期投资净额				
16	长期应收款净额				
17	长期股权投资净额	14 000 000.00			
18	投资性房地产净额				
19	固定资产净额	87 803 470.88			
20	在建工程净额	51 282.06			
21	工程物资净额				

（续表）

序号	科目名称	账面价值(元)	评估价值（元）	增减值（元）	增值率
22	固定资产清理				
23	生产性生物资产净额				
24	油气资产净额				
25	无形资产净额	8 783 628.08			
26	开发支出				
27	商誉净额				
28	长期待摊费用	6 335 695.84			
29	递延所得税资产	4 215 815.50			
30	其他非流动资产				
31	三、资产总计	656 839 901.84			
32	四、流动负债合计	330 359 888.58			
33	短期借款	80 000 000.00			
34	交易性金融负债				
35	应付票据	139 820 400.00			
36	应付账款	43 912 815.24			
37	预收账款	3 059 175.84			
38	应付职工薪酬	4 571 751.04			
39	应交税费	13 141 043.46			
40	应付利息				
41	应付股利(应付利润)				
42	其他应付款	45 854 703.00			
43	一年内到期的非流动负债				
44	其他流动负债				
45	五、非流动负债合计	32 896 000.00			
46	长期借款	19 996 000.00			
47	应付债券				
48	长期应付款				
49	专项应付款	9 400 000.00			
50	预计负债				
51	递延所得税负债				
52	其他非流动负债	3 500 000.00			

（续表）

序号	科目名称	账面价值(元)	评估价值(元)	增减值(元)	增值率
53	六、负债总计	363 255 888.58			
54	七、净资产	293 584 013.26			

要求：

完成资产基础法评估。

六、思考与讨论

本案例中，资产基础法增值的主要原因是什么？

第三节　收益法评估

一、行业分析

1. 宏观经济环境

要求：

查询资料，完成评估基准日(20××年12月31日)的宏观经济环境分析。

2. 电子焊接材料行业分析

1）行业特点

电子焊接材料行业属于精细化工。精细化工品生产规模普遍较小，且有各自的应用领域。这使得企业较难利用短期景气周期实现利润的迅速放大，单个品种的研发费用也可能较高。但另一方面，精细化工品的研发难度能帮助企业构筑竞争壁垒，维持价格和毛利率的相对稳定。同时，特定产品领域的优势精细化工企业，也能通过相近工艺的不同产品来实现低研发费用的产品线拓展，实现长期的持续稳定的增长。从化工行业财富500强公司来看，大部分实现了广泛的产品线，并在某些领域有其优势产品。

电子焊接材料主要是指应用于微电子产业中配套辅助使用的原材料，主要分为三大类：

第一类产品表现为液态，主要成分为各种化学溶剂，如助焊剂、清洗剂、稀释剂、OSP等。产品的主要功能是为各类电子产品其电子线路板在“光板—CKD—SKD”的工艺流程中起防氧化、去除氧化物及清洗表面残留物等功能。

第二类产品表现为膏体，主要成分为金属锡、银、铜、锰、硅等贵重或稀有金属粉末，根据应用领域或流程工艺研制的专用化学配方，如焊锡膏、银浆、红胶等。产品的主用功能是为各类电子产品在元器件与电路板连接中起到焊接、固定和密封等作用。

第三类产品表现为金属块、丝、条等，主要成分为金属锡、银、铜等，再配以一定的化学溶剂，制成焊锡条、焊锡丝、锡球、铜球、银球等。产品的主要功能是为各类电子产品在元器件与电路板连接中起直接焊接作用，与膏体的作用基本相似，只是生产工艺不同。

LX公司生产的产品包括上述三种，根据产品特点将其分为A、B、C、D四大类产品：

A产品的主要特点是单位金额小、毛利高，具有客户数量大、单个客户采购金额小的销售特性，但目前国内具备生产能力和生产资质的企业很少。

B产品在整个行业中应用的时间相对较短，但此类产品将成为未来整个电子焊接材料的主导型产品。目前国内企业的起点均较晚，与全球各大品牌相比有较大差距。

C产品为传统的电子焊接工艺采用的主要产品，因环保、能耗高及生产效率低等原因饱受诟病，但目前国内传统电子焊接工艺仍占有很大的比重，该类产品基本为生产稀贵金属的垄断性国有企业所控制，下游企业基本没有定价权。同时，二手回收锡也会对市场价格形成冲击，因此具有典型的资本密集性操控特点。

D产品主要用于大型电子设备和未来的一次性智能手机，目前全球生产商数量很少。

2）行业产业链及产业价值链结构图

产业链分析（略）。

由于公司产品质量、技术实力、营销渠道及品牌影响力等优势，公司销售采用实时报价的模式，对上游主要原材料价格波动能及时传导至客户。

3）产业政策、竞争壁垒及行业被替代的可能性

分析（略）。

从传统电子行业工艺的改造升级时间估计，电子焊接材料在未来10～15年没有被替代的可能性。

二、企业分析

1. 经营模式

LX公司定位于电子焊接材料的深加工与销售，主要生产A、B、C、D四大类产品。其中，D产品核心技术涉及工艺、配方和专用设备；A、B产品的核心竞争力在于技术配方。公司的产品主要应用于通讯、家电、汽车电子、半导体等领域，下游客户群体具有数量大、单个客户交易金额规模不大等特点。

1）生产模式

公司建立了完整独立的生产体系，完全自主生产，无外协加工的情形。公司的生产模式为“销售计划＋合理库存”，即营销中心根据销售订单、预计市场需求及其他因素制订销售计划，由生产计划部根据销售计划合理安排生产进度，并编制生产计划，然后由各生产车间组织生产。

2）采购模式

公司日常经营的采购品类主要为锡制品（锡锭、锡粉、锡条等）、银、化学原料、松香、包装容器等。公司采取“以销定产、以产订购”＋“合理库存”的采购模式。

公司采购部根据生产部发来的请购单，结合生产库存制定采购计划。对于锡制品的采

购，定价主要是根据大宗商品锡的现货价格加上一定的加工费确定。公司采购部根据生产计划，结合锡银、原油等大宗商品价格的变化等因素，采购方面实施询价、议价、比价政策。

3）销售模式

公司采取直销模式，主要是由行业特性决定。公司主要产品属于下游各应用行业的辅助材料，占下游产品的成本比例很低，但产品质量优劣对下游产品的良品率影响很大。同时，下游应用行业的客户集中度较高，各客户对供应商均有严格的认证机制，一般不轻易更换供应商。客户对供货商有较高的技术服务要求，从而不适合采取纯粹意义的经销或代理商的销售模式。

2. 经营业绩

LX公司2011～2015年合并经营情况，如表4－23所示。

表4－23　　近5年利润表　　单位：人民币万元

项目	2011年	2012年	2013年	2014年	2015年
一、营业收入	47 306.98	55 081.16	65 587.08	71 354.60	71 054.87
减：营业成本	36 164.98	39 287.70	46 272.80	49 541.12	46 591.47
税金及附加	212.35	245.97	344.73	403.68	483.70
销售费用	2 782.49	5 175.95	7 744.93	8 574.20	8 410.57
管理费用	3 691.35	6 232.41	8 233.60	8 958.10	9 479.45
财务费用	681.56	635.55	618.69	675.88	677.97
资产减值损失					
加：公允价值变动收益					
投资收益					
三、营业利润	3 774.24	3 503.57	2 372.33	3 201.62	5 411.70
加：营业外收入					
减：营业外支出					
四、利润总额	3 774.24	3 503.57	2 372.33	3 201.62	5 411.70
减：所得税费用	454.19	433.28	467.32	374.86	738.50
五、净利润	3 320.06	3 070.30	1 905.01	2 826.77	4 673.20

3. 无形资产

参见资产基础法。

4. 竞争优势

LX公司的竞争优势主要体现在以下几个方面：

（1）技术实力较强（略）。

（2）客户数量较多（略）。

(3) 产品质量稳定(略)。

三、现金流预测

1. 营业收入预测

公司近年来的主营业务收入明细情况,如表 4-24 所示。

表 4-24　　近 5 年主营业务收入表　　单位:人民币万元

主要产品	2011 年	2012 年	2013 年	2014 年	2015 年
A1 产品	6 468.26	9 527.96	10 130.34	11 114.78	10 792.95
A2 产品				413.82	1 213.40
B1 产品	19 427.92	27 139.16	35 778.18	33 087.92	27 355.77
B2 产品				2 537.86	7 591.33
C 产品	21 410.80	18 414.04	19 678.56	22 830.86	21 033.75
D 产品				119.08	671.67
E 产品				1 250.28	2 396.00
合计	47 306.98	55 081.16	65 587.08	71 354.60	71 054.87

上述产品中,E 产品为代销,偶然性较大,将来不作为主要业务,以后年度不进行预测。

1) 主要产品销量预测

LX 公司 2011～2015 年主要产品销量情况,如表 4-25 所示。

表 4-25　　近 5 年主要产品销量表

主要产品	2011 年	2012 年	2013 年	2014 年	2015 年
A1 产品(千升)	4 610.96	5 142.26	6 511.80	7 271.94	7 392.43
A2 产品(千升)				271.78	782.84
B1 产品(吨)	699.16	1 059.18	1 346.39	1 312.68	1 273.55
B2 产品(吨)				98.96	241.30
C 产品(吨)	1 043.54	1 119.36	1 449.18	1 731.82	1 903.51
D 产品(万片)				84.01	490.27
E(吨)				93.90	239.60

(1) 产品生产能力分析:

A 产品年最大设计产能为 20 000 千升;

B 产品年最大设计产能为 5 000 吨;

C 产品年最大设计产能为 5 000 吨;

D 产品年最大设计产能 4 500 万片。

（2）产品销量预测分析：

市场调研与预测依据(略)。

A1产品：根据企业对下游客户调研的结果，下游行业对于LX公司A1产品的需求还有增长空间。企业已完成结构的调整，参考以往年度A1产品销量的增长情况，企业预计以后年度产品销量将进入平稳发展期，预计2016～2020年增长幅度为每年5%。

A2产品：根据调研，A2产品以后年度保持较大增长，2016年为1 000千升，之后每年增加400千升。

B1产品：2015年销量下降是由于企业调整了产业结构，之后进入增长阶段。2016～2020年的增长率分别为2%、3%、4%、5%、5%。

B2产品：市场将进入快速增长，2016～2020年的销量分别为480吨、680吨、820吨、900吨、980吨。

C产品：2016年达到2 200吨，未来每年增加产量200吨、160吨、100吨、100吨。

D产品：C产品竞争力较强，2016年达到800万片，之后3年每年增加400万片，到2020年稳定在2 200万片。

2）产品平均单价预测

LX公司2011～2015年主要产品平均单价，如表4-26所示。

表4-26　　近5年主要产品平均单价表　　单位：人民币万元

主要产品	2011年度	2012年度	2013年度	2014年度	2015年
A1产品	1.40	1.85	1.56	1.53	1.46
A2产品				1.52	1.55
B1产品	27.79	25.62	26.57	25.21	21.48
B2产品				25.65	31.46
C产品	20.52	16.45	13.58	13.18	11.05
D产品				1.42	1.37
E产品				13.32	10.00

A1产品：产品2013～2015年平均单价逐年下降。未来随着市场竞争的加剧，平均单价将持续下降，预测单价每年下降0.01万元。

A2产品：产品2015年平均单价较2014年有所上升，主要是由于产品结构的变化。以后年度该类产品的单价也将持续下降，预测单价每年下降0.01万元。

B1产品：B1产品价格与原材料价格有一定的相关性，根据原材料价格走势预测，B1产品2016年为22.5万元，之后每年增加1万元。

B2产品：平均单价较为稳定，保持在31.5万元。

C产品：随原材料价格走势变化，2016～2020年分别为11.55万元、12.05万元、12.55万元、13.05万元、13.58万元。

D产品：新产品，随产量增加及竞争加剧，后期单价将有所下降，预计每年下降0.02万元。

3）其他业务收入

LX 公司的其他业务收入主要为租金收入，近年来收入情况，如表 4－27 所示。

表 4－27　　近 5 年其他业务收入表　　单位：人民币万元

项目	2011 年	2012 年	2013 年	2014 年	2015 年
租赁收入		64.24	64.24	64.24	64.24

本次评估将出租房屋作为溢余资产处理，不再预测租金收入。因此，以后年度企业业务收入为 0。

根据上述分析，LX 公司营业收入预测，如表 4－28 所示。

表 4－28　　营业收入预测表　　单位：人民币万元

主要产品	2016 年	2017 年	2018 年	2019 年	2020 年
A1 产品					
A2 产品					
B1 产品					
B2 产品					
C 产品					
D 产品					
合计					

要求：

完成营业收入预测表。

2. 营业成本预测

LX 公司的 2011～2015 年的主营业务成本明细，如表 4－29 所示。

表 4－29　　近 5 年主营业务成本表　　单位：人民币万元

主要产品	2011 年	2012 年	2013 年	2014 年	2015 年
A1 产品	3 300.50	5 760.56	5 042.18	5 584.22	4 379.60
A2 产品				209.58	600.40
B1 产品	13 930.26	17 631.66	23 715.36	20 547.94	16 291.12
B2 产品				1 689.56	4 282.73
C 产品	18 934.22	15 756.24	17 283.50	19 716.24	17 830.14
D 产品				48.04	377.29
E 产品				1 242.92	2 268.90

（续表）

主要产品	2011年	2012年	2013年	2014年	2015年
制造费用中折旧		139.24	231.76	502.62	561.29
合计	36 164.98	39 287.70	46 272.80	49 541.12	46 591.47

历史数据的成本率分析表，如表4－30所示。

表4－30　近5年成本率分析表

主要产品	2011年度	2012年度	2013年度	2014年度	2015年
A1成本/A1收入					
A2成本/A2收入					
B1成本/B1收入					
B2成本/B2收入					
C成本/C收入					
D成本/D收入					
E成本/E收入					
折旧/主营业务成本					

本次评估，对于主营业务成本按可变成本（按产品）和固定成本（折旧）进行预测。

A1产品：可变成本主要包括原材料、职工薪酬等，通常原料与销售价格变化基本同步，工人工资在生产成本中比例很小。本次评估按照最近3年成本率平均值进行预测。

A2产品：可变成本主要包括原材料、职工薪酬等，通常原料与销售价格变化基本同步，工人工资在生产成本中比例很小。本次评估按照最近2年成本率平均值进行预测。

B1产品：产品的可变成本主要包括原材料、职工薪酬等。职工薪酬变动幅度不大，但原材料的价格与销价相关，同步持续小幅上涨。本次评估以2015年的可变成本比例为基数，以后年度的可变成本占收入比例每年增加1％、1.2％、1.2％、1％、1％。

B2产品：产品的可变成本主要包括原材料、职工薪酬等。职工薪酬变动幅度不大，但原材料的价格持续小幅上涨。本次评估以2015年的可变成本比例为基数，预计以后年度的可变成本占收入比例2016年增加0.4％，2017年和2018年增加0.5％，以后年度保持不变。

C产品：产品的可变成本主要包括原材料、职工薪酬等。职工薪酬变动幅度不大，但原材料的价格持续小幅上涨。本次评估以2015年的可变成本比例为基数，预计以后年度的可变成本占收入比例每年增加0.4％、0.5％、0.5％、0.3％、0.3％。

D产品：产品的可变成本主要包括原材料、职工薪酬等。职工薪酬变动幅度不大，原材料的价格持续小幅上涨。企业预计以后年度的可变成本占收入比例每年增加0.5％。

E产品：偶然发生，以后年度不进行预测。

制造费用中折旧（固定成本）：企业的生产设施较为齐备，近期无大额的生产用固定资产购置计划。预计以后年度折旧费用稳定在2015年的水平。

根据上述分析，LX公司以后年度营业成本预测，如表4－31所示（说明：预测期是2016～

2020年,下同)

表4-31 营业成本预测表 单位:人民币万元

主要产品	2016年	2017年	2018年	2019年	2020年
A1产品					
A2产品					
B1产品					
B2产品					
C产品					
D产品					
制造费用中折旧					
合计					

要求:

1. 完成成本率分析表。
2. 完成营业成本预测表。

3. 税金及附加预测

LX公司的税金及附加主要包括:增值税17%、城市维护建设税7%、教育费附加3%、地方教育费附加2%。本次评估按上述比例对以后年度税金及附加进行预测,具体情况,如表4-32所示。

表4-32 税金及附加预测表 单位:人民币万元

序号	项目	2016年	2017年	2018年	2019年	2020年	备注
1	增值税——销项税额						
	销售收入						
	销项税额						17%
2	增值税——进项税额						
	材料费						主营业务成本的96.4%
	进项税额						17%
3	应交增值税						
	城市维护建设税						7%
	教育费附加						3%
	地方教育费附加						2%
4	销售税金及附加						

要求：

完成税金及附加预测表。

4. 销售费用预测

LX公司销售费用主要包括职工薪酬、运费、市场推广费、折旧与摊销等支出，分为四类：

(1) 与业绩考核指标相关的费用，包括差旅费、业务招待费、职工薪酬和通讯费。

(2) 与部分产品收入相关的费用，包括市场推广费。

(3) 与销量相关的费用，包括运费。

(4) 相对固定的费用，包括折旧及摊销、房租、其他营业费用等。

2011～2015年明细，如表4-33所示。

表4-33　近5年销售费用明细表　单位：人民币万元

序号	费用明细项	2011年	2012年	2013年	2014年	2015年
1	与业绩考核指标相关的费用	2 030.93	3 460.56	3 660.76	4 088.82	3 874.26
	差旅费	297.40	456.30	517.44	478.36	588.46
	业务招待费	346.08	657.30	834.82	711.84	668.76
	职工薪酬	1 349.37	2 290.46	2 250.56	2 831.86	2 543.77
	通讯费	38.08	56.50	57.94	66.76	73.27
2	与部分产品收入相关的费用	13.77	829.61	2 988.60	3 287.20	3 133.81
	市场推广费	13.77	829.61	2 988.60	3 287.20	3 133.81
3	与销量相关的费用	624.11	753.05	752.92	1 068.48	1 194.84
	运费	624.11	753.05	752.92	1 068.48	1 194.84
4	相对固定的费用	113.68	132.74	342.66	129.70	207.66
	折旧及摊销	43.82	46.15	49.74	26.96	65.45
	房租	3.80	24.21	37.82	35.48	61.13
	其他	66.06	62.38	255.10	67.26	81.08
5	销售费用合计	2 782.49	5 175.95	7 744.93	8 574.20	8 410.57

本次评估按上述4个类别对以后年度的销售费用进行分析和预测，结果如表4-34所示。

表4-34　销售费用预测表　单位：人民币万元

费用明细项	2016年	2017年	2018年	2019年	2020年
与业绩考核指标相关的费用	4 772.26	5 539.94	6 213.38	6 800.24	7 365.77
与部分产品收入相关的费用	3 890.00	4 565.74	5 004.44	5 308.95	5 582.83
与销量相关的费用	1 205.87	1 322.00	1 431.89	1 537.65	1 641.98

（续表）

费用明细项	2016 年	2017 年	2018 年	2019 年	2020 年
相对固定的费用	244.74	253.70	263.12	273.00	283.38
销售费用合计	10 112.86	11 681.38	12 912.82	13 919.84	14 873.95

5. 管理费用预测

LX 公司管理费用主要包括管理人员的职工薪酬、折旧与摊销、研发费等，2011～2015 年管理费用明细，如表 4-35 所示。

表 4-35　　近 5 年管理费用明细表　　单位：人民币万元

序号	费用明细项	2011 年	2012 年	2013 年	2014 年	2015 年
1	职工薪酬	889.69	1 512.16	2 626.54	2 326.58	2 459.38
2	折旧与摊销	349.85	565.96	1 228.21	1 157.52	1 252.78
	折旧	211.61	283.80	632.25	639.88	640.22
	摊销	138.24	282.16	595.96	517.64	612.56
3	与母公司收入相关的费用	1 664.00	3 005.02	3 234.01	4 348.40	4 329.83
	研发费用	1 664.00	3 005.02	3 234.01	4 348.40	4 329.83
4	其他相对固定的费用	787.81	1 149.28	1 144.84	1 125.60	1 437.46
	税费	143.60	98.26	144.58	201.15	176.90
	办公费	60.36	106.55	214.92	189.62	193.76
	差旅费	126.81	181.83	185.70	143.74	194.28
	业务招待费	94.04	92.58	84.64	40.08	61.48
	其他	363.00	670.06	515.00	551.01	811.04
5	管理费用合计	3 691.35	6 232.41	8 233.60	8 958.10	9 479.45

公司管理费用分析和预测如下：

职工薪酬：根据企业的计划，以后年度不需要增加管理人员数量。管理人员职工薪酬的年增长幅度为 5%。本次评估按上述增长率预测以后年度职工薪酬。

折旧：LX 公司管理部门的折旧较为稳定。本次评估参考以往年度折旧，考虑到新旧资产更替，2016 年起，折旧为 664.88 万元。

摊销：为土地使用权、专利及财务软件摊销。根据企业的摊销政策，预计以后年度为 612.56 万元。

研发费：企业需要持续投入研发，改进生产工艺流程，提高原料利用率。同时，为了保持高新技术企业的认定，LX 公司需要持续投入研发。2013～2015 年研发费用占主营业务收入比例平均值约 5.71%，本次评估按此比例预测以后年度的研发费。

其他管理费用：其他营业费用包括办公费、差旅费、业务招待费等，这些费用都将随着企业收入的增长而增加，本次评估按年 5%的增长比例进行预测。

综上，LX 公司以后年度管理费用预测如表 4 - 36 所示。

表 4 - 36　　管理费用预测表　　单位：人民币万元

费用明细项	2016 年	2017 年	2018 年	2019 年	2020 年
职工薪酬					
折旧					
摊销					
研发费					
其他					
合计					

要求：

完成管理费用预测表。

6. 财务费用预测

LX 公司财务费用主要包括汇兑损益和利息收支，2011～2015 年明细，如表 4 - 37 所示。

表 4 - 37　　近 5 年财务费用明细表　　单位：人民币万元

费用明细项	2011 年	2012 年	2013 年	2014 年	2015 年
利息支出	605.40	592.17	609.64	664.41	686.00
利息收入	−1.23	−1.21	−18.45	−35.21	−2.09
汇兑损益	44.05	1.33	−2.10	−10.57	−45.61
其他费用	33.34	43.26	29.59	57.24	39.66
财务费用合计	681.56	635.55	618.69	675.88	677.97

评估基准日，公司账面有息负债为 9 999.60 万元，其中，短期借款 8 000 万元，长期借款 1 999.60 万元。由于以后经营规模扩大，企业预计以后年度借款规模及利息支出逐年增加。2016 年利息支出为 750 万元，以后年度预计每年增长 100 万元。利息收入主要来源于银行存款，以往年度金额较小，因此，预测时不再考虑利息收入。汇兑损益由于近年来人民币汇率变动频繁，本次评估不进行预测。其他费用预计在 2015 年基础上保持小幅增长，2017 年后保持不变。因此，对以后年度财务费用预测，如表 4 - 38 所示。

表 4 - 38　　财务费用预测表　　单位：人民币万元

项目	2016 年	2017 年	2018 年	2019 年	2020 年
利息支出					
手续费	40.46	41.26	41.26	41.26	41.26
合计					

要求：

完成财务费用预测表。

7. 营业外收支预测

LX公司的营业外收入主要是政府补贴收入，营业外支出主要是处理固定资产净损失。营业外收入和支出的发生均有一定的不确定性，本次评估在预测时不予考虑。

8. 净利润预测

LX母公司是高新技术企业，目前享受15%的所得税率优惠。未来预测其2017～2020年研发费用占营业收入的比例各年均超过3%，高新技术产品收入占营业收入的比例各年均超过60%。上述指标均符合《高新技术企业认定管理办法》的规定。综合来看，企业未来持续获得高新技术企业认定的可能性较大，因此，本次评估假设以后年度该公司能继续享受15%的所得税率。

LX公司的3家子公司所得税率均为25%。3家子公司以往年度的净利润合计数占合并净利润的比例平均值为1.84%。本次评估将预测合并利润总额的2%作为3家子公司的预测的利润总额，按25%计算所得税。其余部分按15%计算所得税。

综上所述，净利润计算公式如下：

净利润 = 合并利润总额 × 2% × (1 − 25%) + 合并利润总额 × 98% × (1 − 15%)

根据上述公式和未来收益的预测，可计算该公司未来的年净利润，如表4-39所示。

表4-39　净利润预测表　　单位：人民币万元

项目	2016年	2017年	2018年	2019年	2020年
一、营业收入					
减：营业成本					
税金及附加					
销售费用					
管理费用					
财务费用					
资产减值损失					
加：公允价值变动收益					
投资收益					
三、营业利润					
加：营业外收入					
减：营业外支出					
四、利润总额					
减：所得税费用					
五、净利润					

要求：

完成净利润预测表。

9. 资本性支出预测

资本性支出是指企业为开展生产经营活动而需增加的固定资产、无形资产等长期资产发生的支出。

LX 公司固定资产主要为机器设备和电子设备等。该公司成立时间较长，以后年度资本性支出主要为存量固定资产的更新支出。评估基准日 2020 年及以后假设存量资产的更新支出在固定资产和无形资产的经济寿命年限内均衡发生，则按经济寿命年限测算年均支出，在理论上等于存量资产的年折旧额。

因此，LX 公司以后年度的资本性支出预测，如表 4 - 40 所示。

表 4 - 40　　资本性支出预测表　　单位：人民币万元

项目	2016 年	2017 年	2018 年	2019 年	2020 年及以后
资本性支出	1 904.18	1 904.18	1 904.18	1 904.18	1 904.18

10. 折旧和摊销预测

折旧和摊销金额是根据企业在评估基准日的存量固定资产以及预测期的资本性支出计算。

LX 公司固定资产主要为机器设备和电子设备等。本次评估按照固定资产原值和经济使用年限计算折旧和摊销费用。评估人员根据企业在评估基准日的存量固定资产、无形资产和长期待摊费用预测了以后年度营业成本、销售费用、管理费用中的折旧和摊销金额。汇总后得到以后年度的折旧和摊销支出总额，如表 4 - 41 所示。

表 4 - 41　　折旧和摊销预测表　　单位：人民币万元

项目	2016 年	2017 年	2018 年	2019 年	2020 年及以后
折旧摊销	1 904.18	1 904.18	1 904.18	1 904.18	1 904.18

11. 营运资金预测

营运资本是指企业经营性流动资产与流动负债的差额，反映企业在未来经营活动中是否需要追加额外的现金。如果经营性流动资产大于流动负债，则企业需要额外补充现金，在现金流量预测中表现为现金流出；反之，为现金流入。

一般而言，随着企业经营活动范围或规模的扩大，企业向客户提供的正常商业信用会相应增加，为扩大销售所需增加的存货储备也会占用更多的资金，同时为满足企业日常经营性支付所需保持的现金余额也要增加，从而需要占用更多的流动资金，但企业同时通过从供应商处获得正常的商业信用，减少资金的即时支付，相应节省了部分流动资金。

一般情况下，流动资金的追加需考虑应收账款、预付账款、存货、经营性现金、应付账款、预收账款等因素的影响。

本次对营运资本的变化预测思路如下：首先分别对未来经营性营运资产、营运负债进行预测，得出营运资本，然后将营运资本与上一年度的营运资本进行比较。如果大于则表现为现金流出；反之，为现金流入。

预测年度应收账款 = 当年销售收入 ÷ 该年预测应收账款年周转次数
预测年度存货 = 当年销售成本 ÷ 该年预测存货年转次数
预测年度预付账款 = 当年销售成本 ÷ 该年预测预付账款年周转次数
预测年度应付账款 = 当年销售成本 ÷ 该年预测应付账款年周转次数
预测年度预收账款 = 当年销售收入 ÷ 该年预测预付账款年周转次数
追加营运资金 = 当年度需要的营运资金 − 上一年度需要的营运资金

评估时，我们根据各个科目历史发生情况及未来公司的各财务指标发展趋势对各个科目的未来发生情况进行了分析预测，预测该公司需追加营运资金，如表 4－42 所示。

表 4－42　　**营运资金追加预测表**　　单位：人民币万元

项目	2016 年	2017 年	2018 年	2019 年	2020 年
营运资金追加	2 449.65	1 730.91	1 120.64	1 070.99	928.57

12. 企业自由现金流预测

本次评估采用的收益类型为企业自由现金流量。企业自由现金流量指的是归属于股东和付息债务的债权人在内的所有投资者的现金流量，其计算公式为：

企业自由现金流量 = 税后净利润 + 折旧与摊销 + 利息费用(扣除税务影响后) − 资本性支出 − 净营运资金变动

2020 年后，委估企业规模趋于稳定，其盈利水平将步入相对稳定的时期，故假定 2021 年及以后年度委估企业经营规模以评估基准日后 2020 年为准，不考虑生产经营规模的变化，并且企业按规定提取的固定资产折旧全部用于原有固定资产的维护和更新，并假定此种措施足以并恰好保持企业的经营能力维持不变，因此，未来各年度企业自由现金流量预测，如表 4－43 所示。

表 4－43　　**企业自由现金流预测表**　　单位：人民币万元

项目	2016 年	2017 年	2018 年	2019 年	2020 年	2021 年及以后
净利润						
加：利息支出 *(1−所得税率)						
加：折旧和摊销						
减：资本性支出						
减：营运资金追加						
企业自由现金流量						

要求：

完成企业自由现金流预测表。

13. 溢余及非经营性资产、溢余及非经营性负债确定

溢余及非经营性资产的处理与企业的资产负债结构密切相关。本次评估通过分析委估企业的资产结构确定溢余及非经营性资产。溢余及非经营性资产分析如下：

其他应收款中有个人借款共计 601.16 万元。经清查，这些借款均与企业经营无关。按成本法评估值 601.16 万元作为溢余资产处理。

固定资产中有用于出租的部分厂房。收益法评估时未考虑租金收入。因此，出租房屋按成本法评估值 1 136.00 万元作为溢余资产处理。

综上，LX 公司的溢余及非经营性资产为 1 737.16 万元。

溢余及非经营性负债分析如下：

评估基准日，LX 公司其他应付款中有股东借款 4 286.64 万元。本次评估按成本法评估值 4 286.64 万元确认为溢余负债。

14. 有息负债确定

评估基准日，公司账面有息负债为 9 999.60 万元，其中短期借款 8 000.00 万元，长期借款 1 999.60 万元。

四、折现率选取

确定折现率时一般应遵循以下原则：①不低于无风险报酬率；②以行业平均报酬率为基准；③折现率与收益额相匹配；④根据实际情况确定。

本次折现率的确定是根据加权平均资本成本（WACC）方法计算得出，计算模型如下：

$$WACC = K_e \times W_e + K_d \times (1 - t) \times W_d$$

其中，$WACC$——加权平均资本成本；

K_e——行业普通权益资本成本；

K_d——行业债务资本成本；

W_e——权益资本在资本结构中的百分比；

W_d——债务资本在资本结构中的百分比；

t——行业所得税税率。

1. 权益资本成本（K_e）

根据扩展的资产定价模型(CAPM)：

$$K_e = R_f + ERP \times \beta + R_c$$

其中，R_f——无风险报酬率；

ERP——市场风险溢价；

β——权益预期市场风险系数；

R_c——企业个别风险调整系数。

1）无风险报酬率

无风险报酬率（R_f）是对资金时间价值的补偿，这种补偿分两个方面，一方面是在无通货膨胀、无风险情况下的平均利润率，是转让资金使用权的报酬；另一方面是通货膨胀附加率，是对因通货膨胀造成购买力下降的补偿。由于现实中无法将这两种补偿分开，它们共同构成无风险利率。

评估中选取长期国债（截至评估基准日剩余期限超过 10 年）到期收益率平均值作为无风险报酬率。

要求：

从 Wind 资讯终端（或其他途径）查询评估基准日无风险报酬率 R_f。

2）市场风险溢价

市场风险溢价（ERP）是对于一个充分风险分散的市场投资组合，投资者所要求的高于无风险利率的回报率，市场风险溢价是利用 CAPM 估计权益成本时必需的一个重要参数，在估值项目中起着重要的作用。

ERP 估算有多种方法（具体分析略），本次评估取国内的市场风险溢价 7.22%。

3）β 系数

β 系数是衡量委估企业相对于资本市场整体回报的风险溢价程度，也是用来衡量个别股票受包括股市价格变动在内的整个经济环境影响程度的指标。样本公司通常选择与被评估公司在同一行业或受同一经济因素影响的上市公司作为参考公司，且尽量选择与被评估公司在同一国家或地区的企业作为参考公司。

LX 公司属于电子焊接材料行业，属于电子化工行业的细分行业，该细分行业目前没有上市公司。本次评估选取了化学原料及化学制品制造业（按证监会分类）的 3 家上市公司作为样本公司，通过 Wind 资讯金融终端查询了其调整后 β 值，将参考公司有财务杠杆 β 系数换算为无财务杠杆 β 系数。

计算公式为：

$$剔除杠杆调整\ \beta = 调整后\ \beta \div [1 + (1 - t) \times d/e]$$

具体计算，如表 4 - 44 所示。

表 4 - 44　　剔除杠杆调整 β 均值计算表

样本公司	有息负债 d/所有者权益 e	所得税率 t	调整后 β	剔除杠杆调整系数	剔除财务杠杆的 β
样本公司 1					
样本公司 2					
样本公司 3					
平均值					

将剔除杠杆调整 β 均值，按照平均财务杠杆系数换算为被评估公司目标财务杠杆 β。

要求：

1. 从行业中选择3家样本公司，说明选择依据。

2. 从Wind资讯终端计算样本公司剔除财务杠杆β(60个月，按市场价值比)，完成剔除杠杆调整β均值计算表。

3. 计算被评估公司目标财务杠杆β。

注：若无法使用Wind资讯终端，可参考附录B提供的原始β，完成计算。

(4) 个别风险溢价

个别风险溢价(R_c)是公司股东对所承担的与其他公司不同风险因而对投资回报率额外要求的期望。LX公司的个别风险分析如下：

规模风险：与上市公司相比，LX公司规模较小，抵御风险能力较弱。取规模风险1%。

经营风险：LX公司的客户过于分散，单个客户的销售金额不高，对客户的影响力有限。产品销售收入能否持续增长，存在一定的风险。此外，原材料需要大量的资金备货，对资金需求比较大，存在一定的融资风险。因此，取经营风险1%。

综上所述，本次评估个别风险溢价取2%。

要求：

完成K_e计算。

2. 债务资本成本

目前，国内只有极少数国营大型企业或国家重点工程项目才可以被批准发行公司债券。事实上，尽管有一些公司债券是可以交易的，但是，中国目前尚未建立起真正意义上的公司债券市场。本次评估采用评估基准日5年期以上贷款利率作为被评估企业债权年期望回报率。

要求：

从Wind资讯终端(或其他途径)查询评估基准日5年期以上贷款利率。

3. 加权平均资本成本

结合企业未来盈利情况、管理层未来的筹资策略，确定上市公司资本结构为企业目标资本结构比率。选取3家上市公司，并完成表4-45。

表4-45　目标WACC计算表

样本公司	$W_d = d \div (d+e)$	$W_e = 1 - Wd$
样本公司1		
样本公司2		
样本公司3		
平均值		

$$WACC = K_e \times W_e + K_d \times (1-t) \times W_d$$

要求：

完成 WACC 估算。

五、评估结果

评估计算表，如表 4-46 所示。

表 4-46　　评估计算表　　单位：人民币万元

项目	2016 年	2017 年	2018 年	2019 年	2020 年	2021 年及以后
企业自由现金流量						
折现率						
年份	1	2	3	4	5	
折现系数						
折现值						
企业自由现金流合计						
加：溢余资产						
减：溢余负债						
企业价值						
减：有息负债						
股东权益价值						

要求：

完成收益法评定估算。

六、思考与讨论

1. 小组讨论，当选择不同的样本公司时，对 WACC 测算产生什么影响？如果用行业 β 测算，结果会发生什么变化？

2. 比较资产基础法和收益法评估结论，分析两种结论存在差异的可能原因。

附录 A　LX 公司——资产基础法评估步骤底稿

附表 A-1

货币资金——银行存款评估步骤及复核表　　索引号：

被评估单位	LX 新材料股份有限公司	评估基准日	2015 年 12 月 31 日
评估人员		现场工作日期	年　月　日
操作步骤与要求		是	不适用
1. 获取银行存款申报表，与日记账、总账、报表进行核对		√	
2. 收集评估基准日“银行对账单”。检查会计人员编制的“银行存款余额调节表”，检查未达账项的真实性，并做好相关记录		√	
3. 评估时对银行基本账户、余额较大、零余额、透支的存款账户，必要时函证评估基准日余额，分析函证情况		√	
4. 对 1 年以上的定期存款或限定用途的存款，评估时关注存款利息收入的结算情况			√
5. 对外币账户，须查询评估基准日汇率进行折算		√	
6. 核实其他需要说明的事项			√
7. 如有评估增减值，分析评估增减值的原因			√
8. 有无需要在报告中特别说明的事项			√
说明与备注 审核人员： 年　月　日			

附表 A－2　　　　**应收票据评估步骤及复核表**　　　　索引号：

被评估单位	LX 新材料股份有限公司	评估基准日	2015 年 12 月 31 日
评估人员		现场工作日期	年　月　日
操作步骤与要求		是	不适用
1. 获取应收票据申报表，与明细账、总账、报表进行核对		√	
2. 了解企业应收票据的票据类型，收集大额应收票据发生的合同、协议等重要资料，并复印票据原始凭证，做好相应清查盘点记录		√	
3. 盘点应收票据。适当地实施替代程序，判断应收票据的可收回性。在清查期间对已收回的票据，应记录收回时间、金额等		√	
4. 了解是否有未到期有确凿证据，不能够收回或收回的可能性不大的应收票据，应将其转入应收账款			√
5. 有无非记账本位币账户，如有应查询评估基准日汇率进行折算			√
6. 确定适当评估方法		√	
7. 核实其他需要说明的事项			√
8. 如有评估增减值，分析评估增减值的原因		√	
9. 有无需要报告中特别说明的事项			√

说明与备注

审核人员：

年　月　日

附表 A－3　　**应收账款评估步骤及复核表**　　索引号：

被评估单位	LX新材料股份有限公司	评估基准日	2015年12月31日
评估人员		现场工作日期	年　月　日
操作步骤与要求		是	不适用
1. 获取应收账款申报表，与明细账、总账、报表进行核对		√	
2. 了解企业应收账款内控制度与核算方法，收集大额应收款项发生的合同、协议等重要资料，并抽查有关会计凭证，做好相应清查记录		√	
3. 对应收款项实施账龄分析以及其他分析程序，如有坏账，在“坏账分析表”中列示		√	
4. 选择重点明细项目（大额、有特殊情况、有疑问的，填写“往来函证单”实施函证等程序步骤），了解应收款项存在性。判断应收款项的可收回性		√	
5. 分析判断企业应收款项的坏账及预计坏账损失，收集相关证据		√	
6. 有无非记账本位币账户，如有应查询评估基准日汇率进行折算，评估值按照本位币确定			√
7. 对有确凿依据为坏账的款项，查明具体原因并取证，可评估为0			√
8. 核实其他需要说明的事项			√
9. 如有评估增减值，分析评估增减值的原因			√
10. 有无需要在报告中特别说明的事项			√

说明与备注

审核人员：

年　月　日

附表 A－4　　**预付账款评估步骤及复核表**　　索引号：

被评估单位	LX 新材料股份有限公司	评估基准日	2015 年 12 月 31 日
评估人员		现场工作日期	年　月　日
操作步骤与要求		是	不适用
1. 获取预付账款申报表，与明细账、总账、报表进行核对		√	
2. 了解分析预付款项用途，收集大额款项发生的合同、协议等重要资料，并抽查有关会计凭证，做好相应清查记录		√	
3. 对预付款项进行账龄分析程序，对长期未结算的款项查明原因		√	
4. 选择重点明细项目(大额、有特殊情况、有疑问的，填写“往来函证单”实施函证)，了解应收款项存在性。无法函证的，应当实施替代程序，判断预付款项的可收回性		√	
5. 对可能坏账的款项，查明具体原因并取证			√
6. 有无非记账本位币账户，如有应查询评估基准日汇率进行折算			√
7. 对于能够收回相应货物的预付账款应按照相应形成的资产或权利确定评估值。对于无望收回的购货款项转入其他应收款评估			√
8. 抽查入库记录，查核有无重复付款或将同一笔已付清的账款在预付账款和应付账款这两个科目同时挂账的情况		√	
9. 核实其他需要说明的事项		√	
10. 如有评估增减值，分析评估增减值的原因		√	
11. 有无需要在报告中特别说明的事项			√
说明与备注 审核人员： 年　月　日			

附表 A－5　　其他应收款评估步骤及复核表　　索引号：

被评估单位	LX 新材料股份有限公司	评估基准日	2015 年 12 月 31 日
评估人员		现场工作日期	年　月　日
操作步骤与要求		是	不适用
1. 获取其他应收款申报表，与明细账、总账、报表进行核对		√	
2. 了解分析其他应收款中款项用途，收集大额其他应收款发生的合同、协议等重要资料，并抽查有关会计凭证，做好相应清查记录		√	
4. 对其他应收款实施账龄分析以及其他分析程序，如有坏账，在《坏账分析表》中列示		√	
5. 选择重点明细项目(大额、有特殊情况、有疑问的，填写“往来函证单”实施函证)，了解应收款项存在性。实施替代程序，判断应收款项的可收回性		√	
6. 分析判断企业其他应收款的坏账及预计坏账损失，收集相关证据		√	
7. 对有确凿依据为坏账的款项，查明具体原因并取证			√
8. 有无非记账本位币账户，如有应查询评估基准日汇率进行折算，评估值按照本位币确定			√
9. 核实其他需要说明的事项		√	
10. 如有评估增减值，分析评估增减值的原因		√	
11. 有无需要在报告中特别说明的事项			√

说明与备注

审核人员：

年　月　日

附表 A-6

存货评估步骤及复核表　　　　索引号：

被评估单位	LX 新材料股份有限公司	评估基准日	2015 年 12 月 31 日
评估人员		现场工作日期	年　月　日
操作步骤与要求		是	不适用
1. 获取存货申报表，与检查明细账、总账、报表进行核对		√	
2. 了解分析存货的构成、分布和企业内部控制管理制度，各类存货的核算方法。并抽查有关存货出入库记录，做好相应清查记录		√	
3. 对错账、漏账、影响净资产的未达账项、贷方余额等项目进行分析，并复印有关资料			√
4. 获取并检查被评估单位评估基准日或最近一次存货盘点记录，评价盘点的可信度		√	
5. 抽查盘点重点存货，填写“盘点表”。盘点结果如有差异，必要时加大盘点比例或全面盘点。存放方式特殊的或存放在异地的，采取其他程序确定存货的存在性		√	
6. 对盘盈、盘亏的存货，查明原因并作记录			√
7. 关注有无代他人保存和来料加工的存货，有无未作账务处理而置于异地的存货			√
8. 对失效、变质等待核销报废的存货，应要求企业首先作出相应处理与说明			√
9. 对正常外购存货，实施市场询价，计算其评估价值		√	
10. 选择适当的存货评估方法，分别评估		√	
11. 对特殊行业存货，应聘请有关专家进行咨询后确定评估值。对委托加工产品与受托加工产品、委托代销商品与受托代销商品，评估值的确定应当考虑结算方式的差异性			√
12. 核实其他需要说明的事项			√
13. 如有评估增减值，分析评估增减值的原因		√	
14. 有无需要在报告中特别说明的事项			√
说明与备注 审核人员： 年　月　日			

附表 A-7　　长期股权投资评估步骤及复核表　　索引号：

被评估单位	LX新材料股份有限公司	评估基准日	2015年12月31日
评估人员		现场工作日期	年　月　日
操作步骤与要求		是	不适用
1. 获取长期股权投资申报表，与明细账、总账、报表进行核对		√	
2. 收集被投资单位验资报告、合同、章程、营业执照、会计报表、审计报告等资料		√	
3. 了解董事会及股东大会有关决议的基本情况。明确投资目的，分析确定预计的未来收益水平		√	
4. 核实投资方式、股权结构、形成日期、原始投资成本、投资比例，查阅股权证明等重要资料		√	
5. 核实账面投资额、投资情况是否与实际情况相符，如不符应查明原因		√	
6. 如具有控制权的长期股权投资，判断是否需进行整体资产评估。如未进行现场评估的需说明原因		√	
7. 收集确定评估值的其他资料，依据是否充足、可信		√	
8. 选择适当方法确定评估值		√	
9. 核实其他需要说明的事项		√	
10. 是否已经考虑股权投资的溢价、折价情况			√
11. 如有评估增减值，分析评估增减值的原因		√	
12. 有无需要在报告中特别说明的事项		√	
说明与备注 审核人员： 年　月　日			

附表 A-8

房屋建筑物/构筑物评估步骤及复核　　　　索引号：

被评估单位	LX 新材料股份有限公司	评估基准日	2015 年 12 月 31 日
评估人员		现场工作日期	年　月　日
操作步骤与要求		是	不适用
1. 获取固定资产——房屋建筑物/构筑物评估申报表与明细账、总账、报表进行核对，账目与资产不相符时，根据评估需要进行相应的调整		√	
2. 了解固定资产房屋类的概况，并按照结构进行分类统计，清查竣工年代、位置、结构、面积、权证等		√	
3. 搜集房地产权证、购房合同，查阅与收集总平面布置图、施工图等建筑图纸、工程决算书、土地出让合同、动拆迁补偿合同等相关资料，关注其土地权属是否存在瑕疵及其对评估值的影响		√	
4. 对于无房地产权证的房地产应收集规划许可证、建设许可证、企业说明等资料			√
5. 权证或证明文件名称不符的，应要求企业及相关单位出具说明			√
6. 了解房地产有无涉讼事项及抵押、担保事宜，如有，应当查明原因，并在报告中揭示		√	
7. 实地查勘评估对象[主要是位置、周围环境、外观、建筑结构、装修、设备等状况，有无拆除、报废、盘亏、盘盈、闲置建筑物，关注建筑物生产使用环境(如蒸汽、酸、碱)]，填写现场勘查表。现场查看时，对于重大评估项目应拍摄现场实物照片；运用市场法测算时，还应提供比较案例的资料		√	
8. 如存在待处理的情形，应查明原因，获得企业有关说明材料及批准文件			√
9. 收集评估值确定的其他依据资料(如当地定额、材料价格等文件资料)		√	
10. 选定评估方法(方法有市场法、收益法、成本法及这些方法的综合运用)，说明评估值的确定过程(填写各种评估方法的评估工作底稿)		√	
11. 核实其他需要说明的事项		√	
12. 如有评估增减值，分析评估增减值的原因，填写增减值分析表		√	
13. 有无需要在报告中特别说明的事项		√	
说明与备注 审核人员： 年　月　日			

附表 A-9 **固定资产——机器设备评估步骤及复核表** 索引号：

被评估单位	LX新材料股份有限公司	评估基准日	2015年12月31日
评估人员		现场工作日期	年 月 日
操作步骤与要求		是	不适用
1. 获取固定资产——设备申报表与明细账、总账、报表进行核对，账目与资产不相符时，根据评估需要进行相应的调整		√	
2. 了解固定资产设备类的概况，明确价值定义		√	
3. 查验重要设备合同、购买发票、技术指标等资料		√	
4. 对运输设备应当查阅并复印车辆行驶证；对锅炉、电梯、化工设备等特种设备应当查阅并复印年检记录		√	
5. 权证或证明文件名称与被评估单位不符的，应要求企业及相关单位出具说明			√
6. 查清设备有无涉及诉讼事项及抵押、担保事宜，如有，应当查明原因，并在报告中揭示			√
7. 实地查勘评估对象，填写设备清查核实表和重要设备作业分析表。现场查看时，对于重大评估项目应拍摄现场实物照片，被评估单位不允许拍照的应要求其出具说明。清查结果与申报不一致的，应要求被评估单位修改申报表		√	
8. 对原打包入账的设备，尽可能进行分项评估			√
9. 如存在待处理情形，应查明原因，获得企业有关说明材料及批准文件			√
10. 如存在需要修复使用的设备，应说明损坏的具体情况，并测算修复费用			√
11. 收集评估确定的询价证据及其他依据资料		√	
12. 选定评估方法，逐项或分类说明评估值的确定过程		√	
13. 核实其他需要说明的事项			√
14. 如有评估增减值，分析评估增减值的原因，填写增减值分析表		√	
15. 有无需要在报告中特别说明的事项			
说明与备注 审核人员： 年 月 日			

附表 A－10　　在建工程——设备安装评估步骤及复核表　　索引号：

被评估单位	LX 新材料股份有限公司	评估基准日	2015 年 12 月 31 日
评估人员		现场工作日期	年　月　日
操作步骤与要求		是	不适用
1. 获取在建工程——设备申报表与明细账、总账、报表进行核对，账目与资产不相符时，根据评估需要进行相应的调整		√	
2. 查阅与收集设备安装概预算情况、设备采购合同等资料		√	
3. 查清在建设备有无涉及诉讼事项及抵押、担保事宜，如有，应当查明原因，并在报告中揭示		√	
4. 实地查勘评估对象（主要是安装地点、型号、工程进度、设备和设施的状况），填写现场勘察记录		√	
5. 了解在建工程已付工程款、未付工程款、合理工期及设备款项支付等情况		√	
6. 如存在待处理情形，应查明原因，获得企业有关说明材料及批准文件		√	
7. 收集评估确定的及其他依据资料		√	
8. 选定评估方法，逐项或分类说明评估值的确定过程		√	
9. 核实其他需要说明的事项			√
10. 如有评估增减值，分析评估增减值的原因，填写增减值分析表		√	
11. 有无需要在报告中特别说明的事项			√

说明与备注

审核人员：

年　　月　　日

附表 A－11　　**土地使用权评估步骤及复核表**　　索引号：

被评估单位	LX新材料股份有限公司	评估基准日	2015年12月31日
评估人员		现场工作日期	年　月　日
操作步骤与要求		是	不适用
1. 获取无形资产——土地使用权申报表，与明细账、总账、报表进行核对，根据评估需要进行适当的调整，核查土地款项支付情况		√	
2. 查阅土地征用或动拆迁补偿合同、土地出让合同、土地使用权证，土地处置方案等文件资料，了解土地使用权权属性质		√	
3. 了解土地的面积、容积率以及土地用途等规划指标，收集相关规划批准文件		√	
4. 有关证书或证明文件名称不符的，应要求企业及相关单位出具说明			√
5. 查清土地有无涉讼事项及抵押、担保事宜，如有，应当查明原因，并在报告中揭示		√	
6. 收集相关土地估价报告，如需引用应与土地估价师沟通该报告了解与本次评估的关系			√
7. 实地查勘评估对象，填写现场勘查表。现场查看时，对于重大评估项目应拍摄现场实物照片		√	
8. 如存在待处理的情形，应查明原因，获得企业有关说明材料及批准文件			√
9. 收集评估值确定的其他依据资料（当地基准地价体系、土地收费文件）		√	
10. 选定评估方法，说明评估值的确定过程		√	
11. 核实其他需要说明的事项		√	
12. 如有评估增减值，分析评估增减值的原因		√	
13. 有无需要在报告中特别说明的事项		√	
说明与备注 审核人员： 年　月　日			

附表 A-12

其他无形资产评估步骤及复核表　　　　索引号：

被评估单位	LX 新材料股份有限公司	评估基准日	2015 年 12 月 31 日
评估人员		现场工作日期	年　月　日
操作步骤与要求		是	不适用
1. 获取其他无形资产申报表，与明细账、总账、报表进行核对，根据评估需要进行适当的调整，核查土地款项支付情况		√	
2. 收集无形资产的权属证明资料，了解无形资产的种类、具体名称、技术特征、存在形式、形成过程，核实取得的法律手续是否完备		√	
3. 调查相关法律法规、宏观经济环境、技术进步、行业状况、产品生命周期、企业经营管理、市场环境等对该无形资产价值的影响		√	
4. 选定评估方法		√	
5. 调查、收集反映无形资产获利能力、收益期限、折现率等的相关资料			√
6. 逐项说明评估参数的确定依据		√	
7. 核实其他需要说明的事项		√	
8. 如有评估增减值，分析评估增减值的原因		√	
9. 有无需要在报告中特别说明的事项			√
说明与备注 审核人员： 年　月　日			

附表 A－13　　长期待摊费用评估步骤及复核表　　索引号：

被评估单位	LX 新材料股份有限公司	评估基准日	2015 年 12 月 31 日
评估人员		现场工作日期	年　月　日
操作步骤与要求		是	不适用
1. 获取长期待摊费用申报表，与明细账、总账、报表进行核对		√	
2. 抽查原始发生凭证和每期摊销的凭证，核查其原始发生额及其构成、发生日期、摊销月数、每期摊销额等		√	
3. 对尚存受益与受益期进行适当分析		√	
4. 有实物形态的费用项目，要了解实物资产			√
5. 有无与其他资产存在价值重复的情形		√	
6. 有无尚存资产或权利难以准确计算的，性质特殊的费用项目，以清查核实后的账面值为依据			√
7. 根据尚存受益期计算评估值。对于有实物形态的费用项目，一般要按照实物资产评估的对应方法进行估算评估值		√	
8. 核实其他需要说明的事项		√	
9. 如有评估增减值，分析评估增减值的原因		√	
10. 有无需要在报告中特别说明的事项			√
说明与备注 审核人员： 年　月　日			

附表 A-14　**递延所得税资产评估步骤及复核表**　索引号：

被评估单位	LX 新材料股份有限公司	评估基准日	2015 年 12 月 31 日
评估人员		现场工作日期	年　月　日
操作步骤与要求		是	不适用
1. 获取递延所得税资产申报表，与明细账、总账、报表进行对		√	
2. 检查“递延所得税备查簿”，核查递延所得税发生的原因、金额、预计转回期限、已转回金额		√	
3. 抽查原始发生凭证和每期摊销的凭证，核查其原始发生额及其构成、发生日期、每期转回金额，已转回金额等		√	
4. 核实其他需要说明的事项		√	
5. 如有评估增减值，分析评估增减值的原因		√	
6. 有无需要在报告中特别说明的事项			√

说明与备注

审核人员：

年　　月　　日

附表 A－15 **短期借款评估步骤及复核表** 索引号：

被评估单位	LX 新材料股份有限公司	评估基准日	2015 年 12 月 31 日
评估人员		现场工作日期	年 月 日
操作步骤与要求		是	不适用
1. 获取短期借款申报表，与明细账、总账、报表进行核对		√	
2. 核实借款合同、协议以及借款条件、借款性质、还款期限，查明借款利率和利息支付情况，并抽查复印合同、协议		√	
3. 抽查借款借入和还款的原始凭证内容是否完整		√	
4. 复核已计借款利息是否正确		√	
5. 对未及时归还的逾期借款，应查明原因			√
6. 选择金额较大的账户向借款银行函证评估基准日的余额		√	
7. 有无非记账本位币账户，如有应查询评估基准日汇率进行折算			√
8. 经分析、核实后，确定评估结论		√	
9. 核实其他需要说明的事项			√
10. 如有评估增减值，分析评估增减值的原因			√
11. 有无需要在报告中特别说明的事项			√
说明与备注 审核人员： 年 月 日			

附表 A - 16　　**应付票据评估步骤及复核表**　　索引号：

被评估单位	LX 新材料股份有限公司	评估基准日	2015 年 12 月 31 日
评估人员		现场工作日期	年　月　日
操作步骤与要求		是	不适用
1. 获取应付账款申报表，与明细账、总账、报表进行核对		√	
2. 了解企业应付款项内控制度与核算方式，查阅大额应付款项发生的合同、协议等重要资料，并抽查有关会计凭证，做好相应清查记录		√	
3. 关注在评估基准日未处理的不相符的购货事项，及有材料入库凭证但未收到购货发票的经济业务		√	
4. 选择重点明细项目（大额、有特殊情况、有疑问的，填写《往来函证单》实施函证），了解应付款项存在性。无法函证的，适当地实施替代程序，判断应付款项的真实性		√	
5. 对应付款项中涉及法律诉讼的已决、未决事项、盈利挂账以及长期未付挂账项目等，作专项调查分析记录			√
6. 对无付款对象可能无需支付的账款，应查明原因，作出处理			√
7. 有无非记账本位币账户，如有应查询评估基准日汇率进行折算			√
8. 核实其他需要说明的事项		√	
9. 如有评估增减值，分析评估增减值的原因		√	
10. 有无需要在报告中特别说明的事项			√
说明与备注 审核人员： 年　月　日			

附表 A－17　　应付账款评估步骤及复核表　　索引号：

被评估单位	LX新材料股份有限公司	评估基准日	2015年12月31日
评估人员		现场工作日期	年　月　日
操作步骤与要求		是	不适用
1. 获取应付账款申报表，与明细账、总账、报表进行核对		√	
2. 了解企业应付款项内控制度与核算方式，查阅大额应付款项发生的合同、协议等重要资料，并抽查有关会计凭证，做好相应清查记录		√	
3. 关注在评估基准日未处理的不相符的购货事项，及有材料入库凭证但未收到购货发票的经济业务		√	
4. 选择重点明细项目（大额、有特殊情况、有疑问的，填写《往来函证单》实施函证），了解应付款项存在性。无法函证的，适当地实施替代程序，判断应付款项的真实性		√	
5. 对应付款项中涉及法律诉讼的已决、未决事项、盈利挂账以及长期未付挂账项目等，作专项调查分析记录			√
6. 对无付款对象可能无需支付的账款，应查明原因，作出处理			√
7. 有无非记账本位币账户，如有应查询评估基准日汇率进行折算			√
8. 核实其他需要说明的事项		√	
9. 如有评估增减值，分析评估增减值的原因		√	
10. 有无需要在报告中特别说明的事项			√
说明与备注 审核人员： 年　月　日			

附表 A-18　　**预收账款评估步骤及复核表**　　索引号：

被评估单位	LX新材料股份有限公司	评估基准日	2015年12月31日
评估人员		现场工作日期	年　月　日
操作步骤与要求		是	不适用
1. 获取预收账款申报表，与明细账、总账、报表进行核对		√	
2. 选择重点明细项目，查阅订货合同，实施函证，了解预收款项存在性。无法函证的，适当地实施替代程序，判断款项的真实性		√	
3. 对款项中涉及法律诉讼的已决、未决事项、长期未结算挂账项目等，做专项调查分析记录			√
4. 对可能无需支付的款项，应查明原因，作出处理			√
5. 有无非记账本位币账户，如有应查询评估基准日汇率进行折算。评估值按照本位币确定			√
6. 核实其他需要说明的事项		√	
7. 如有评估增减值，分析评估增减值的原因		√	
8. 有无需要在报告中特别说明的事项			√
说明与备注 审核人员： 年　月　日			

附表 A－19 **应付职工薪酬评估步骤及复核表** 索引号：

被评估单位	LX新材料股份有限公司	评估基准日	2015年12月31日
评估人员		现场工作日期	年 月 日
操作步骤与要求		是	不适用
1. 获取应付职工薪酬申报表，与明细账、总账、报表进行核对		√	
2. 抽查记账凭证并记录、复核，以明确此项业务是否符合会计制度规定		√	
3. 抽查应付职工薪酬的支付凭证，确定工资、职工福利、社会保险金、住房公积金、工会经费、职工教育经费、非货币性福利、辞退福利等各种薪酬的计算是否符合有关规定		√	
4. 核实其他需要说明的事项		√	
5. 如有评估增减值，分析评估增减值的原因		√	
6. 有无需要在报告中特别说明的事项			√
说明与备注 审核人员： 年 月 日			

附表 A-20　　**应交税费评估步骤及复核表**　　索引号：

被评估单位	LX 新材料股份有限公司	评估基准日	2015 年 12 月 31 日
评估人员		现场工作日期	年　月　日
操作步骤与要求		是	不适用
1. 获取应交税费申报表，与明细账、总账、报表进行核对		√	
2. 抽查记账凭证并记录、复核，以明确此项业务是否符合会计制度规定		√	
3. 核实应交税费的税种、税率和税目情况。了解税费政策、税费优惠政策并查阅有关政策规定		√	
4. 查阅评估基准日纳税申报表及税单并复印取证		√	
5. 检查应交税费上期未交数、本期应交数、已交数和期末未交数		√	
6. 经分析、核实后，确定评估结论		√	
7. 核实其他需要说明的事项		√	
8. 如有评估增减值，分析评估增减值的原因		√	
9. 有无需要在报告中特别说明的事项			√
说明与备注 审核人员： 年　　月　　日			

附表 A－21　　其他应付款评估步骤及复核表　　索引号：

被评估单位	LX 新材料股份有限公司	评估基准日	2015 年 12 月 31 日
评估人员		现场工作日期	年　月　日
操作步骤与要求		是	不适用
1. 获取其他应付款申报表，与明细账、总账、报表进行三相符核对		√	
2. 查阅大额应付款项发生的合同、协议等重要资料，并抽查有关会计凭证，做好相应清查记录		√	
3. 选择重点明细项目实施函证，了解应付款项存在性。无法函证的，适当地实施替代程序，判断应付款项的真实性		√	
4. 分析判断企业应付款项有无无需支付项目，对应付款项中涉及法律诉讼的已决、未决事项、盈利挂账以及长期未付挂账项目等，作专项调查分析记录，涉讼事项还应当核查有无其他或有负债与债权			√
5. 对可能无需支付的账款，应查明原因，并作出处理			√
6. 经分析、核实后，确定评估结论		√	
7. 核实其他需要说明的事项		√	
8. 如有评估增减值，分析评估增减值的原因		√	
9. 有无需要在报告中特别说明的事项			√
说明与备注 审核人员： 年　月　日			

附表A-22　　**长期借款评估步骤及复核表**　　索引号：

被评估单位	LX新材料股份有限公司	评估基准日	2015年12月31日
评估人员		现场工作日期	年　月　日
操作步骤与要求		是	不适用
1. 获取长期借款申报表，与明细账、总账、报表进行核对		√	
2. 核实借款合同、协议以及借款条件、借款性质、还款期限，查明借款利率和利息支付情况		√	
3. 抽查借款借入和还款的原始凭证内容是否完整，有无授权批准，并核对相关账户的进出情况		√	
4. 复核已计借款利息是否正确，如有未记利息应作出记录，补记入账		√	
5. 对未及时归还的逾期借款，应查明原因			√
6. 选择金额较大的账户向借款银行函证评估基准日的余额		√	
7. 对替其他单位借贷的款项，应查明原因		√	
8. 检查借款费用是否按各发生的期间，分别记入不同费用的科目		√	
9. 有无非记账本位币账户，如有应查询评估基准日汇率的中间价			√
10. 经分析、核实后，确定评估结论		√	
11. 核实其他需要说明的事项		√	
12. 如有评估增减值，分析评估增减值的原因		√	
13. 有无需要在报告中特别说明的事项			√
说明与备注 审核人员： 年　月　日			

附录 B β 系数(化工行业)

本表提供了截至评估基准日的 60 个月原始 β。本表电子版每年更新,增加上年 12 月 31 日原始 β。

序号	证券代码	证券简称	β值(最近60个月)2015.12.31	β值(最近60个月)2016.12.31	所属证监会行业分类名称	所属中信行业分类名称 2016-12-31	主营产品类型	上市日期
1	000155.SZ	*ST 川化	1.178 7	1.220 9	化学原料及化学制品制造业	基础化工——农用化工——氮肥	氮肥、无机化工原料、有机化工原料	2000-09-26
2	000408.SZ	*ST 金源	1.843 0	1.679 4	化学原料及化学制品制造业	钢铁——其他钢铁——贸易流通	进出口贸易、其他农产品、物业出租和管理	1996-06-28
3	000422.SZ	湖北宜化	1.161 8	1.101 7	化学原料及化学制品制造业	基础化工——农用化工——氮肥	氮肥、复合(混)肥、高分子聚合物、火电、无机化工原料、有机化工原料	1996-08-15
4	000510.SZ	金路集团	0.223 2	0.344 8	化学原料及化学制品制造业	基础化工——化学原料——氯碱	白酒、高分子聚合物、无机化工原料、衣着用纺织品、住宅楼盘、装饰材料、装饰用纺织品	1993-05-07
5	000523.SZ	广州浪奇	1.024 3	1.034 6	化学原料及化学制品制造业	基础化工——化学制品——日用化学品	美发用品、沐浴用品、清洁用品、清洗剂、洗涤用品	1993-11-08

(续表)

序号	证券代码	证券简称	β值(最近60个月)2015.12.31	β值(最近60个月)2016.12.31	所属证监会行业分类名称	所属中信行业分类名称2016-12-31	主营产品类型	上市日期
6	000525.SZ	红太阳	0.868 9	0.958 7	化学原料及化学制品制造业	基础化工——农用化工——农药	国内贸易、有机化学农药	1993-10-28
7	000545.SZ	金浦钛业	0.594 3	0.804 8	化学原料及化学制品制造业	基础化工——化学制品——涂料涂漆	无机化工原料	1993-12-15
8	000553.SZ	沙隆达A	0.651 2	0.440 1	化学原料及化学制品制造业	基础化工——农用化工——农药	复合(混)肥、无机化工原料、有机化工原料、有机化学农药	1993-12-03
9	000565.SZ	渝三峡A	1.147 6	1.127 9	化学原料及化学制品制造业	基础化工——化学制品——涂料涂漆	民用建筑、涂料与油漆、维生素类与矿物质类制剂	1994-04-08
10	000635.SZ	英力特	1.205 2	1.081 4	化学原料及化学制品制造业	基础化工——化学原料——氯碱	催化剂及化学助剂、氮肥、高分子聚合物、火电、热力、无机化工原料、有机化工原料	1996-11-20
11	000662.SZ	天夏智慧	1.415 8	1.485 7	化学原料及化学制品制造业	基础化工——化学制品——日用化学品	美发用品、美容产品、美体产品、沐浴用品	1996-12-16
12	000683.SZ	远兴能源	0.948 5	0.888 3	化学原料及化学制品制造业	基础化工——化学原料——其他化学原料	无机化工原料、有机化工原料	1997-01-31
13	000707.SZ	双环科技	0.654 0	0.739 3	化学原料及化学制品制造业	基础化工——化学原料——纯碱	氮肥、高分子聚合物、无机化工原料、有机化工原料、原煤	1997-04-15

（续表）

序号	证券代码	证券简称	β值（最近60个月）2015.12.31	β值（最近60个月）2016.12.31	所属证监会行业分类名称	所属中信行业分类名称 2016-12-31	主营产品类型	上市日期
14	000731.SZ	四川美丰	1.234 4	1.191 0	化学原料及化学制品制造业	基础化工——农用化工——氮肥	氮肥、复合（混）肥、高分子聚合物、行业专用软件、钾肥、有机化工原料	1997-06-17
15	000737.SZ	南风化工	1.246 6	1.191 1	化学原料及化学制品制造业	基础化工——化学制品——日用化学品	妇产科用制剂、复合（混）肥、钾肥、美容产品、清洁用品、无机化工原料、洗涤用品、洗漱用品、循环系统用制剂、有机化工原料、植物类中药制剂	1997-04-28
16	000755.SZ	*ST三维	1.056 8	1.013 5	化学原料及化学制品制造业	基础化工——化学原料——聚氨酯	高分子聚合物、胶粘剂、有机化工原料	1997-06-27
17	000792.SZ	盐湖股份	0.936 5	0.988 3	化学原料及化学制品制造业	基础化工——农用化工——钾肥	钾肥	1997-09-04
18	000818.SZ	方大化工	1.071 9	1.123 2	化学原料及化学制品制造业	基础化工——化学原料——氯碱	高分子聚合物、无机化工原料、有机化工原料	1997-10-17
19	000822.SZ	山东海化	1.088 7	1.043 3	化学原料及化学制品制造业	基础化工——化学原料——纯碱	催化剂及化学助剂、氮肥、高分子聚合物、钾肥、进出口贸易、其他物流、无机化工原料、有机化工原料	1998-07-03
20	000830.SZ	鲁西化工	1.179 7	1.167 7	化学原料及化学制品制造业	基础化工——农用化工——氮肥	氮肥、复合（混）肥、高分子聚合物、钾肥、无机化工原料、有机化工原料	1998-08-07
21	000902.SZ	新洋丰	1.121 0	1.037 5	化学原料及化学制品制造业	基础化工——农用化工——磷肥	纺织品经销、衣着用纺织品	1999-04-08
22	000912.SZ	泸天化	0.910 8	0.879 1	化学原料及化学制品制造业	基础化工——农用化工——氮肥	氮肥、无机化工原料、有机化工原料	1999-06-03

（续表）

序号	证券代码	证券简称	β值(最近60个月)2015.12.31	β值(最近60个月)2016.12.31	所属证监会行业分类名称	所属中信行业分类名称2016-12-31	主营产品类型	上市日期
23	000920.SZ	南方汇通	1.6511	1.4959	化学原料及化学制品制造业	电力及公用事业——环保及公用事业——环保	存储设备、低压电器类、电子元器件、高分子聚合物、环保机械、汽车维修、汽车橡胶配件、重型卡车与专用车	1999-06-16
24	000930.SZ	中粮生化	1.4557	1.3099	化学原料及化学制品制造业	农林牧渔——农业——农产品加工及流通	成品油、食品添加剂、调味品、有机化工原料	1999-07-12
25	000950.SZ	*ST建峰	1.2136	1.2647	化学原料及化学制品制造业	基础化工——农用化工——氮肥	氮肥、复合(混)肥、特种气体	1999-09-16
26	000953.SZ	*ST河化	1.2901	1.2742	化学原料及化学制品制造业	基础化工——农用化工——氮肥	氮肥、复合(混)肥、无机化工原料、有机化工原料	1999-12-02
27	000985.SZ	大庆华科	0.7135	0.8116	化学原料及化学制品制造业	石油石化——石油化工——其他石化	高分子聚合物、泌尿系统用制剂、有机化工原料	2000-07-26
28	000990.SZ	诚志股份	0.5426	0.6884	化学原料及化学制品制造业	医药——生物医药Ⅱ——生物医药Ⅲ	CAPP软件、PDM软件、半导体材料、基因制品、洗漱用品、血液制品、植物类中药制剂	2000-07-06
29	002002.SZ	鸿达兴业	0.2904	0.6543	化学原料及化学制品制造业	基础化工——化学原料——氯碱	高分子聚合物	2004-06-25
30	002004.SZ	华邦健康	0.8425	0.9567	化学原料及化学制品制造业	基础化工——农用化工——农药	抗生素类抗感染制剂、抗肿瘤制剂、皮肤科用制剂	2004-06-25
31	002010.SZ	传化智联	0.1888	0.2715	化学原料及化学制品制造业	基础化工——化学制品——印染化学品	催化剂及化学助剂、染料及颜料	2004-06-29

（续表）

序号	证券代码	证券简称	β值（最近60个月）2015.12.31	β值（最近60个月）2016.12.31	所属证监会行业分类名称	所属中信行业分类名称2016-12-31	主营产品类型	上市日期
32	002018.SZ	华信国际	0.954 6	0.691 6	化学原料及化学制品制造业	基础化工——农用化工——农药	有机化学农药	2004-07-13
33	002037.SZ	久联发展	0.991 0	1.111 9	化学原料及化学制品制造业	基础化工——化学制品——民爆用品	火工产品、民用建筑	2004-09-08
34	002054.SZ	德美化工	0.968 1	1.032 5	化学原料及化学制品制造业	基础化工——化学制品——印染化学品	催化剂及化学助剂、染料及颜料	2006-07-25
35	002057.SZ	中钢天源	0.632 8	0.759 1	化学原料及化学制品制造业	钢铁——其他钢铁——特钢	磁性材料、冶金机械、重有色金属	2006-08-02
36	002061.SZ	江山化工	1.433 0	1.353 5	化学原料及化学制品制造业	基础化工——化学原料——聚氨酯	高分子聚合物、有机化工原料	2006-08-16
37	002068.SZ	黑猫股份	1.068 0	1.162 9	化学原料及化学制品制造业	基础化工——化学原料——其他化学原料	催化剂及化学助剂、燃气	2006-09-15
38	002092.SZ	中泰化学	1.014 0	1.027 9	化学原料及化学制品制造业	基础化工——化学原料——氯碱	催化剂及化学助剂、高分子聚合物、无机化工原料	2006-12-08
39	002094.SZ	青岛金王	0.759 1	0.823 6	化学原料及化学制品制造业	综合——综合Ⅱ——综合Ⅲ	玻璃制品、高分子聚合物、国内贸易、照明用品	2006-12-15
40	002096.SZ	南岭民爆	1.061 0	1.170 0	化学原料及化学制品制造业	基础化工——化学制品——民爆用品	火工产品、民用建筑	2006-12-22

(续表)

序号	证券代码	证券简称	β值(最近60个月)2015.12.31	β值(最近60个月)2016.12.31	所属证监会行业分类名称	所属中信行业分类名称2016-12-31	主营产品类型	上市日期
41	002109.SZ	兴化股份	0.7719	0.7626	化学原料及化学制品制造业	基础化工——化学制品——其他化学制品	氮肥、复合(混)肥、无机化工原料	2007-01-26
42	002125.SZ	湘潭电化	1.2968	1.3610	化学原料及化学制品制造业	基础化工——化学原料——无机盐	重有色金属	2007-04-03
43	002136.SZ	安纳达	1.1568	1.0159	化学原料及化学制品制造业	基础化工——化学制品——涂料涂漆	宝玉石类非金属矿产、无机化工原料	2007-05-30
44	002145.SZ	中核钛白	1.3404	1.3136	化学原料及化学制品制造业	基础化工——化学制品——涂料涂漆	低压电器类、无机化工原料、有色金属矿产	2007-08-03
45	002165.SZ	红宝丽	0.9007	0.9958	化学原料及化学制品制造业	基础化工——化学原料——聚氨酯	催化剂及化学助剂、高分子聚合物、塑料包装制品、有机化工原料	2007-09-13
46	002170.SZ	芭田股份	1.4470	1.4406	化学原料及化学制品制造业	基础化工——农用化工——复合肥	复合(混)肥、磷肥	2007-09-19
47	002211.SZ	宏达新材	0.8546	0.8761	化学原料及化学制品制造业	基础化工——化学原料——有机硅	有机化工原料	2008-02-01

（续表）

序号	证券代码	证券简称	β值（最近60个月）2015.12.31	β值（最近60个月）2016.12.31	所属证监会行业分类名称	所属中信行业分类名称 2016-12-31	主营产品类型	上市日期
48	002215.SZ	诺普信	1.460 7	1.422 6	化学原料及化学制品制造业	基础化工——农用化工——农药	有机化学农药	2008-02-18
49	002226.SZ	江南化工	1.056 8	1.086 9	化学原料及化学制品制造业	基础化工——化学制品——民爆用品	火工产品	2008-05-06
50	002246.SZ	北化股份	1.307 5	0.943 1	化学原料及化学制品制造业	基础化工——化学制品——民爆用品	高分子聚合物、涂料与油漆、无机化工原料	2008-06-05
51	002250.SZ	联化科技	0.493 9	0.558 4	化学原料及化学制品制造业	基础化工——化学原料——其他化学原料	农药中间体、染料及颜料、医药中间体	2008-06-19
52	002256.SZ	兆新股份	1.772 8	1.658 1	化学原料及化学制品制造业	基础化工——化学制品——涂料涂漆	其他化学品、清洁用品、涂料与油漆	2008-06-25
53	002258.SZ	利尔化学	1.091 8	1.141 0	化学原料及化学制品制造业	基础化工——农用化工——农药	有机化学农药	2008-07-08
54	002274.SZ	华昌化工	1.039 6	1.240 8	化学原料及化学制品制造业	基础化工——农用化工——氮肥	氮肥、复合（混）肥、无机化工原料、有机化工原料	2008-09-25
55	002319.SZ	乐通股份	0.886 0	0.913 1	化学原料及化学制品制造业	基础化工——化学制品——其他化学制品	染料及颜料	2009-12-11

(续表)

序号	证券代码	证券简称	β值(最近60个月)2015.12.31	β值(最近60个月)2016.12.31	所属证监会行业分类名称	所属中信行业分类名称2016-12-31	主营产品类型	上市日期
56	002326.SZ	永太科技	1.8333	1.6021	化学原料及化学制品制造业	基础化工——化学原料——其他化学原料	其他化学品	2009-12-22
57	002341.SZ	新纶科技	0.7464	0.6777	化学原料及化学制品制造业	电子元器件——电子设备Ⅱ——电子设备Ⅲ	家具、其他纺织品及原料、清洁器具、特种纸、外衣、鞋子、装修工程	2010-01-22
58	002360.SZ	同德化工	0.9205	1.0531	化学原料及化学制品制造业	基础化工——化学制品——民爆用品	火工产品、无机化工原料、专用车	2010-03-03
59	002361.SZ	神剑股份	1.2290	1.1948	化学原料及化学制品制造业	基础化工——合成纤维及树脂——树脂	高分子聚合物	2010-03-03
60	002386.SZ	天原集团	1.0057	1.0511	化学原料及化学制品制造业	基础化工——化学原料——氯碱	无机化工原料	2010-04-09
61	002391.SZ	长青股份	0.8515	0.8710	化学原料及化学制品制造业	基础化工——农用化工——农药	无机化学农药	2010-04-16
62	002407.SZ	多氟多	1.2307	1.1505	化学原料及化学制品制造业	基础化工——化学原料——氟化工	无机化工原料	2010-05-18
63	002408.SZ	齐翔腾达	1.1075	1.1718	化学原料及化学制品制造业	石油石化——石油化工——其他石化	无机化工原料	2010-05-18

（续表）

序号	证券代码	证券简称	β值（最近60个月）2015.12.31	β值（最近60个月）2016.12.31	所属证监会行业分类名称	所属中信行业分类名称2016-12-31	主营产品类型	上市日期
64	002409.SZ	雅克科技	0.729 7	0.535 7	化学原料及化学制品制造业	基础化工——化学原料——其他化学原料	催化剂及化学助剂	2010-05-25
65	002440.SZ	闰土股份	0.898 3	0.993 9	化学原料及化学制品制造业	基础化工——化学制品——印染化学品	催化剂及化学助剂、染料及颜料、有机化工原料	2010-07-06
66	002442.SZ	龙星化工	0.963 4	0.962 9	化学原料及化学制品制造业	基础化工——化学原料——其他化学原料	无机化工原料	2010-07-06
67	002453.SZ	天马精化	1.143 6	1.088 9	化学原料及化学制品制造业	基础化工——化学原料——其他化学原料	其他化学品	2010-07-20
68	002455.SZ	百川股份	1.187 5	1.185 5	化学原料及化学制品制造业	基础化工——化学原料——其他化学原料	有机化工原料	2010-08-03
69	002470.SZ	金正大	0.862 5	0.883 6	化学原料及化学制品制造业	基础化工——农用化工——复合肥	复合（混）肥	2010-09-08
70	002476.SZ	宝莫股份	0.490 6	0.636 6	化学原料及化学制品制造业	石油石化——石油化工——其他石化	有机化工原料	2010-09-15

(续表)

序号	证券代码	证券简称	β值(最近60个月)2015.12.31	β值(最近60个月)2016.12.31	所属证监会行业分类名称	所属中信行业分类名称2016-12-31	主营产品类型	上市日期
71	002496.SZ	辉丰股份	1.012 1	1.272 8	化学原料及化学制品制造业	基础化工——农用化工——农药	高分子聚合物、有机化学农药	2010-11-09
72	002497.SZ	雅化集团	1.031 7	1.051 7	化学原料及化学制品制造业	基础化工——化学制品——民爆用品	高分子聚合物、火工产品	2010-11-09
73	002513.SZ	*ST蓝丰	1.124 2	1.036 7	化学原料及化学制品制造业	基础化工——农用化工——农药	农药中间体、有机化学农药	2010-12-03
74	002538.SZ	司尔特		1.036 6	化学原料及化学制品制造业	基础化工——农用化工——复合肥	复合(混)肥	2011-01-18
75	002539.SZ	云图控股		0.867 7	化学原料及化学制品制造业	基础化工——农用化工——复合肥	氮肥、复合(混)肥、调味品、无机化工原料	2011-01-18
76	002562.SZ	兄弟科技		0.935 1	化学原料及化学制品制造业	基础化工——化学制品——其他化学制品	催化剂及化学助剂	2011-03-10
77	002584.SZ	西陇科学		1.441 8	化学原料及化学制品制造业	基础化工——化学制品——其他化学制品	无机化工原料	2011-06-02
78	002588.SZ	史丹利		0.952 8	化学原料及化学制品制造业	基础化工——农用化工——复合肥	复合(混)肥	2011-06-10

（续表）

序号	证券代码	证券简称	β值(最近60个月)2015.12.31	β值(最近60个月)2016.12.31	所属证监会行业分类名称	所属中信行业分类名称2016-12-31	主营产品类型	上市日期
79	002591.SZ	恒大高新		0.848 7	化学原料及化学制品制造业	基础化工——化学制品——涂料涂漆	涂料与油漆	2011-06-21
80	002597.SZ	金禾实业		0.675 5	化学原料及化学制品制造业	基础化工——化学原料——其他化学原料	氮肥、食品添加剂、无机化工原料、有机化工原料	2011-07-07
81	002601.SZ	龙蟒佰利		0.980 0	化学原料及化学制品制造业	基础化工——化学制品——涂料涂漆	无机化工原料、重有色金属	2011-07-15
82	002632.SZ	道明光学		1.298 5	化学原料及化学制品制造业	基础化工——化学制品——其他化学制品	高分子聚合物	2011-11-22
83	002637.SZ	赞宇科技		1.084 6	化学原料及化学制品制造业	基础化工——化学制品——日用化学品	无机化工原料	2011-11-25
84	002643.SZ	万润股份		0.771 4	化学原料及化学制品制造业	基础化工——化学制品——其他化学制品	半导体材料	2011-12-20
85	002648.SZ	卫星石化		1.023 7	化学原料及化学制品制造业	石油石化——石油化工——其他石化	高分子聚合物、有机化工原料	2011-12-28

(续表)

序号	证券代码	证券简称	β值(最近60个月)2015.12.31	β值(最近60个月)2016.12.31	所属证监会行业分类名称	所属中信行业分类名称2016-12-31	主营产品类型	上市日期
86	002666.SZ	德联集团			化学原料及化学制品制造业	基础化工——化学制品——其他化学制品	横向附件、清洁用品、清洗剂、润滑油、涂料与油漆、制冷剂	2012-03-27
87	002669.SZ	康达新材			化学原料及化学制品制造业	基础化工——合成纤维及树脂——树脂	胶粘剂	2012-04-16
88	002709.SZ	天赐材料			化学原料及化学制品制造业	基础化工——化学制品——日用化学品	其他化学品	2014-01-23
89	002734.SZ	利民股份			化学原料及化学制品制造业	基础化工——农用化工——农药	有机化学农药	2015-01-27
90	002741.SZ	光华科技			化学原料及化学制品制造业	医药——化学制药——化学制剂	其他化学品	2015-02-16
91	002748.SZ	世龙实业			化学原料及化学制品制造业	基础化工——化学原料——氯碱	无机化工原料	2015-03-19
92	002749.SZ	国光股份			化学原料及化学制品制造业	基础化工——农用化工——复合肥	化学试剂	2015-03-20
93	002753.SZ	永东股份			化学原料及化学制品制造业	煤炭——煤炭化工——其他煤化工	煤制品、有机化工原料	2015-05-19

（续表）

序号	证券代码	证券简称	β值（最近60个月）2015.12.31	β值（最近60个月）2016.12.31	所属证监会行业分类名称	所属中信行业分类名称2016-12-31	主营产品类型	上市日期
94	002783.SZ	凯龙股份			化学原料及化学制品制造业	基础化工——化学制品——民爆用品	火工产品	2015-12-09
95	002802.SZ	洪汇新材			化学原料及化学制品制造业	基础化工——化学原料——其他化学原料	高分子聚合物	2016-06-29
96	002805.SZ	丰元股份			化学原料及化学制品制造业	基础化工——化学原料——其他化学原料	有机化工原料	2016-07-07
97	002809.SZ	红墙股份			化学原料及化学制品制造业	—	化学试剂	2016-08-23
98	002810.SZ	山东赫达			化学原料及化学制品制造业	—	化工机械、有机化工原料	2016-08-26
99	002827.SZ	高争民爆			化学原料及化学制品制造业	—	火工产品	2016-12-09
100	200553.SZ	沙隆达B	0.6486	0.4058	化学原料及化学制品制造业	基础化工——农用化工——农药	复合（混）肥、无机化工原料、有机化工原料、有机化学农药	1997-05-15
101	300019.SZ	硅宝科技	1.2331	1.2886	化学原料及化学制品制造业	基础化工——化学原料——有机硅	高分子聚合物	2009-10-30

(续表)

序号	证券代码	证券简称	β值(最近60个月)2015.12.31	β值(最近60个月)2016.12.31	所属证监会行业分类名称	所属中信行业分类名称2016-12-31	主营产品类型	上市日期
102	300037.SZ	新宙邦	0.629 3	0.928 9	化学原料及化学制品制造业	基础化工——化学原料——其他化学原料	其他化学品	2010-01-08
103	300041.SZ	回天新材	1.194 7	1.215 4	化学原料及化学制品制造业	基础化工——化学原料——有机硅	胶粘剂	2010-01-08
104	300054.SZ	鼎龙股份	0.885 0	0.606 2	化学原料及化学制品制造业	基础化工——化学原料——其他化学原料	涂料与油漆	2010-02-11
105	300067.SZ	安诺其	0.852 3	1.016 8	化学原料及化学制品制造业	基础化工——化学制品——印染化学品	催化剂及化学助剂、染料及颜料	2010-04-21
106	300072.SZ	三聚环保	0.622 8	0.618 8	化学原料及化学制品制造业	基础化工——化学制品——其他化学制品	催化剂及化学助剂	2010-04-27
107	300082.SZ	奥克股份	1.030 5	1.046 9	化学原料及化学制品制造业	基础化工——化学原料——其他化学原料	无机化工原料	2010-05-20
108	300107.SZ	建新股份	1.030 8	1.034 1	化学原料及化学制品制造业	基础化工——化学原料——聚氨酯	有机化工原料	2010-08-20

（续表）

序号	证券代码	证券简称	β值（最近60个月）2015.12.31	β值（最近60个月）2016.12.31	所属证监会行业分类名称	所属中信行业分类名称 2016-12-31	主营产品类型	上市日期
109	300109.SZ	新开源	1.706 3	1.804 7	化学原料及化学制品制造业	医药——化学制药——化学原料药	制剂用辅料及附加剂	2010-08-25
110	300121.SZ	阳谷华泰	0.604 2	0.923 9	化学原料及化学制品制造业	基础化工——化学制品——橡胶制品	化学试剂	2010-09-17
111	300132.SZ	青松股份	0.529 5	0.308 0	化学原料及化学制品制造业	基础化工——化学制品——日用化学品	无机化工原料、有机化工原料	2010-10-26
112	300135.SZ	宝利国际	0.593 9	0.771 6	化学原料及化学制品制造业	石油石化——石油化工——其他石化	渣油	2010-10-26
113	300174.SZ	元力股份		1.551 5	化学原料及化学制品制造业	基础化工——化学制品——其他化学制品	催化剂及化学助剂	2011-02-01
114	300192.SZ	科斯伍德		0.852 5	化学原料及化学制品制造业	基础化工——化学制品——印染化学品	染料及颜料	2011-03-22
115	300200.SZ	高盟新材		0.898 9	化学原料及化学制品制造业	基础化工——合成纤维及树脂——氨纶	输电设备	2011-04-07

(续表)

序号	证券代码	证券简称	β值(最近60个月)2015.12.31	β值(最近60个月)2016.12.31	所属证监会行业分类名称	所属中信行业分类名称2016-12-31	主营产品类型	上市日期
116	300214.SZ	日科化学		0.916 9	化学原料及化学制品制造业	基础化工——化学原料——其他化学原料	催化剂及化学助剂	2011-05-11
117	300225.SZ	金力泰		1.033 7	化学原料及化学制品制造业	基础化工——化学制品——涂料涂漆	染料及颜料、涂料与油漆	2011-05-31
118	300236.SZ	上海新阳		1.030 8	化学原料及化学制品制造业	基础化工——化学制品——其他化学制品	变电设备、化工机械、其他化学品	2011-06-29
119	300243.SZ	瑞丰高材		1.459 9	化学原料及化学制品制造业	基础化工——化学制品——其他化学制品	高分子聚合物	2011-07-12
120	300261.SZ	雅本化学		0.798 3	化学原料及化学制品制造业	基础化工——化学原料——其他化学原料	农药中间体、医药中间体	2011-09-06
121	300285.SZ	国瓷材料			化学原料及化学制品制造业	基础化工——化学原料——其他化学原料	其他化学品	2012-01-13
122	300387.SZ	富邦股份			化学原料及化学制品制造业	基础化工——农用化工——复合肥	生物肥	2014-07-02

（续表）

序号	证券代码	证券简称	β值（最近60个月）2015.12.31	β值（最近60个月）2016.12.31	所属证监会行业分类名称	所属中信行业分类名称 2016-12-31	主营产品类型	上市日期
123	300398.SZ	飞凯材料			化学原料及化学制品制造业	基础化工——化学制品——涂料涂漆	高分子聚合物	2014-10-09
124	300405.SZ	科隆精化			化学原料及化学制品制造业	基础化工——化学制品——其他化学制品	有机化工原料	2014-10-30
125	300429.SZ	强力新材			化学原料及化学制品制造业	基础化工——化学制品——其他化学制品	其他化学品	2015-03-24
126	300437.SZ	清水源			化学原料及化学制品制造业	基础化工——化学制品——其他化学制品	催化剂及化学助剂	2015-04-23
127	300446.SZ	乐凯新材			化学原料及化学制品制造业	电子元器件——其他元器件Ⅱ——其他元器件Ⅲ	磁性材料	2015-04-23
128	300459.SZ	金科娱乐			化学原料及化学制品制造业	基础化工——化学制品——日用化学品	网络游戏、无机化工原料、有机化工原料	2015-05-15
129	300481.SZ	濮阳惠成			化学原料及化学制品制造业	基础化工——化学制品——其他化学制品	有机化工原料	2015-06-30

(续表)

序号	证券代码	证券简称	β值(最近60个月)2015.12.31	β值(最近60个月)2016.12.31	所属证监会行业分类名称	所属中信行业分类名称2016-12-31	主营产品类型	上市日期
130	300487.SZ	蓝晓科技			化学原料及化学制品制造业	基础化工——合成纤维及树脂——树脂	其他化学品、专用设备与零部件	2015-07-02
131	300505.SZ	川金诺			化学原料及化学制品制造业	基础化工——农用化工——磷肥	无机化工原料	2016-03-15
132	300522.SZ	世名科技			化学原料及化学制品制造业	基础化工——化学制品——印染化学品	染料及颜料	2016-07-05
133	300530.SZ	达志科技			化学原料及化学制品制造业	—	涂料与油漆	2016-08-09
134	300535.SZ	达威股份			化学原料及化学制品制造业	—	其他化学品	2016-08-12
135	300537.SZ	广信材料			化学原料及化学制品制造业	—	有机化工原料	2016-08-30
136	300568.SZ	星源材质			化学原料及化学制品制造业	—	无机化工原料	2016-12-01
137	300575.SZ	中旗股份			化学原料及化学制品制造业	—	有机化学农药	2016-12-20
138	300576.SZ	容大感光			化学原料及化学制品制造业	—	有机化工原料	2016-12-20
139	300596.SZ	利安隆			化学原料及化学制品制造业	—	化学试剂	2017-01-19

（续表）

序号	证券代码	证券简称	β值（最近60个月）2015.12.31	β值（最近60个月）2016.12.31	所属证监会行业分类名称	所属中信行业分类名称2016-12-31	主营产品类型	上市日期
140	300610.SZ	晨化股份			化学原料及化学制品制造业	—	化学试剂	2017-02-13
141	600075.SH	新疆天业	0.829 4	1.055 7	化学原料及化学制品制造业	基础化工——化学原料——氯碱	高分子聚合物、工业建筑、食品添加剂、糖类、调味品、无机化工原料、型钢类、装饰材料	1997-06-17
142	600078.SH	澄星股份	0.989 4	1.032 3	化学原料及化学制品制造业	基础化工——化学原料——磷化工	无机化工原料	1997-06-27
143	600091.SH	ST明科	1.294 5	1.290 2	化学原料及化学制品制造业	基础化工——化学原料——氯碱	IT产品销售、百货商场、高分子聚合物、其他工业用铝、无机化工原料、系统集成服务、有机化工原料	1997-07-04
144	600096.SH	云天化	1.183 3	1.193 9	化学原料及化学制品制造业	基础化工——化学原料——磷化工	玻璃纤维、氮肥、复合（混）肥、高分子聚合物、无机化工原料、有机化工原料	1997-07-09
145	600135.SH	乐凯胶片	1.203 3	1.318 3	化学原料及化学制品制造业	基础化工——化学制品——其他化学制品	信息用化学品	1998-01-22
146	600141.SH	兴发集团	0.965 0	1.064 9	化学原料及化学制品制造业	基础化工——化学原料——磷化工	催化剂及化学助剂、化学矿、无机化工原料	1999-06-16

(续表)

序号	证券代码	证券简称	β值(最近60个月)2015.12.31	β值(最近60个月)2016.12.31	所属证监会行业分类名称	所属中信行业分类名称2016-12-31	主营产品类型	上市日期
147	600146.SH	商赢环球	1.1929	1.1406	化学原料及化学制品制造业	基础化工——化学制品——其他化学制品	催化剂及化学助剂、高分子聚合物、特种纤维、液化气、原料药	1999-07-07
148	600160.SH	巨化股份	0.9134	1.0192	化学原料及化学制品制造业	基础化工——化学原料——氟化工	氮肥、复合(混)肥、高分子聚合物、无机化工原料、有机化工原料、有机化学农药、制冷剂	1998-06-26
149	600226.SH	升华拜克	0.7424	0.8276	化学原料及化学制品制造业	基础化工——农用化工——农药	兽药、有机化学农药、重有色金属	1999-11-16
150	600227.SH	赤天化	2.0219	1.4966	化学原料及化学制品制造业	基础化工——农用化工——氮肥	保健酒、氮肥、复合(混)肥、呼吸系统用制剂、泌尿系统用制剂、神经系统用制剂、无机化工原料、循环系统用制剂、原料药、植物类中药制剂	2000-02-21
151	600228.SH	*ST昌九	0.7653	0.7296	化学原料及化学制品制造业	基础化工——化学原料——其他化学原料	催化剂及化学助剂、氮肥、高分子聚合物、无机化工原料、有机化工原料	1999-01-19
152	600230.SH	沧州大化	1.1563	1.1143	化学原料及化学制品制造业	基础化工——农用化工——氮肥	氮肥、有机化工原料	2000-04-06
153	600249.SH	两面针	1.3033	1.3161	化学原料及化学制品制造业	基础化工——化学制品——日用化学品	妇女卫生用品、呼吸系统用制剂、进出口贸易、沐浴用品、生活用纸、糖类、洗涤用品、洗漱用品、药品经销	2004-01-30

（续表）

序号	证券代码	证券简称	β值(最近60个月) 2015.12.31	β值(最近60个月) 2016.12.31	所属证监会行业分类名称	所属中信行业分类名称 2016-12-31	主营产品类型	上市日期
154	600273.SH	嘉化能源	0.891 7	0.973 6	化学原料及化学制品制造业	基础化工——化学原料——其他化学原料	其他纺织品及原料、外衣、衣着用纺织品	2003-06-27
155	600277.SH	亿利洁能	0.706 2	0.792 4	化学原料及化学制品制造业	基础化工——化学原料——氯碱	连锁药店、农药中间体、轻有色金属、无机化工原料、药品经销、有机化学农药、植物类中药制剂	2000-07-25
156	600301.SH	*ST南化	0.934 9	0.939 5	化学原料及化学制品制造业	基础化工——化学原料——氯碱	高分子聚合物、无机化工原料、有机化学农药	2000-07-12
157	600309.SH	万华化学	0.905 2	0.883 8	化学原料及化学制品制造业	基础化工——化学原料——聚氨酯	高分子聚合物、胶粘剂、有机化工原料	2001-01-05
158	600315.SH	上海家化	0.259 4	0.352 4	化学原料及化学制品制造业	基础化工——化学制品——日用化学品	纯净水、国内贸易、美发用品、美容产品、美体产品、沐浴用品、清洁用品、洗漱用品	2001-03-15
159	600319.SH	亚星化学	0.948 8	0.936 9	化学原料及化学制品制造业	基础化工——化学原料——氯碱	高分子聚合物、煤制品、清洗剂、热力、无机化工原料	2001-03-26
160	600328.SH	兰太实业	0.842 8	0.746 0	化学原料及化学制品制造业	基础化工——化学原料——无机盐	催化剂及化学助剂、调味品、无机化工原料、原料药	2000-12-22
161	600339.SH	*ST油工	1.063 6	0.979 6	化学原料及化学制品制造业	石油石化——石油化工——其他石化	催化剂及化学助剂、高分子聚合物、有机化工原料	2000-12-25

(续表)

序号	证券代码	证券简称	β值(最近60个月)2015.12.31	β值(最近60个月)2016.12.31	所属证监会行业分类名称	所属中信行业分类名称2016-12-31	主营产品类型	上市日期
162	600352.SH	浙江龙盛	1.036 0	1.096 9	化学原料及化学制品制造业	基础化工——化学制品——印染化学品	催化剂及化学助剂、染料及颜料、有机化工原料	2003-08-01
163	600367.SH	红星发展	1.233 3	1.216 2	化学原料及化学制品制造业	基础化工——化学原料——无机盐	轻有色金属、食品添加剂、无机化工原料、有机化工原料、重有色金属	2001-03-20
164	600378.SH	天科股份	0.733 6	0.877 8	化学原料及化学制品制造业	石油石化——石油化工——其他石化	催化剂及化学助剂、风泵机械、工业建筑、特种气体、有机化工原料、专业咨询服务	2001-01-11
165	600389.SH	江山股份	0.739 2	0.516 5	化学原料及化学制品制造业	基础化工——农用化工——农药	高分子聚合物、农药中间体、热力、无机化工原料、有机化工原料、有机化学农药	2001-01-10
166	600409.SH	三友化工	0.866 1	0.722 3	化学原料及化学制品制造业	基础化工——化学原料——纯碱	高分子聚合物、火电、热力、无机化工原料	2003-06-18
167	600423.SH	柳化股份	1.309 5	1.438 8	化学原料及化学制品制造业	基础化工——农用化工——氮肥	氮肥、无机化工原料、原煤	2003-07-17
168	600426.SH	华鲁恒升	1.253 8	1.169 4	化学原料及化学制品制造业	基础化工——农用化工——氮肥	氮肥、有机化工原料	2002-06-20
169	600470.SH	六国化工	1.109 5	1.276 1	化学原料及化学制品制造业	基础化工——农用化工——磷肥	复合(混)肥、化学矿	2004-03-05
170	600486.SH	扬农化工	0.756 7	0.776 5	化学原料及化学制品制造业	基础化工——农用化工——农药	有机化学农药	2002-04-25

（续表）

序号	证券代码	证券简称	β值（最近60个月）2015.12.31	β值（最近60个月）2016.12.31	所属证监会行业分类名称	所属中信行业分类名称 2016-12-31	主营产品类型	上市日期
171	600500.SH	中化国际	1.041 1	1.157 2	化学原料及化学制品制造业	石油石化——石油化工——其他石化	进出口贸易	2000-03-01
172	600538.SH	国发股份	0.712 0	0.604 1	化学原料及化学制品制造业	基础化工——农用化工——农药	催化剂及化学助剂、动物类中药制剂、国内贸易、美容产品、生物肥、有机化工原料、有机化学农药、植物类中药制剂	2003-01-14
173	600589.SH	广东榕泰	0.991 2	1.088 0	化学原料及化学制品制造业	基础化工——合成纤维及树脂——树脂	催化剂及化学助剂、仿瓷制品、高分子聚合物、有机化工原料	2001-06-12
174	600596.SH	新安股份	1.112 6	1.118 3	化学原料及化学制品制造业	基础化工——农用化工——农药	火电、无机化工原料、有机化工原料、有机化学农药	2001-09-06
175	600618.SH	氯碱化工	1.103 7	1.076 0	化学原料及化学制品制造业	基础化工——化学制品——塑料制品	高分子聚合物、无机化工原料	1992-11-13
176	600623.SH	华谊集团	1.324 5	1.133 4	化学原料及化学制品制造业	汽车——汽车零部件Ⅱ——汽车零部件Ⅲ	轮胎	1992-12-04
177	600636.SH	*ST爱富	1.043 9	1.013 3	化学原料及化学制品制造业	基础化工——化学原料——氟化工	高分子聚合物、制冷剂	1993-03-16

(续表)

序号	证券代码	证券简称	β值(最近60个月)2015.12.31	β值(最近60个月)2016.12.31	所属证监会行业分类名称	所属中信行业分类名称2016-12-31	主营产品类型	上市日期
178	600691.SH	阳煤化工	0.861 1	0.950 7	化学原料及化学制品制造业	基础化工——农用化工——氮肥	超硬材料、冶金机械	1993-11-19
179	600722.SH	金牛化工	1.064 3	1.029 4	化学原料及化学制品制造业	基础化工——化学原料——氯碱	高分子聚合物、无机化工原料	1996-06-26
180	600727.SH	鲁北化工	1.229 1	1.231 3	化学原料及化学制品制造业	基础化工——农用化工——磷肥	风电、复合(混)肥、水泥、无机化工原料	1996-07-02
181	600731.SH	湖南海利	1.044 2	1.055 4	化学原料及化学制品制造业	基础化工——农用化工——农药	农药中间体、有机化学农药	1996-08-02
182	600746.SH	江苏索普	0.718 6	0.646 5	化学原料及化学制品制造业	基础化工——化学原料——其他化学原料	催化剂及化学助剂、火电、热力、无机化工原料、有机化工原料	1996-09-18
183	600796.SH	钱江生化	1.158 4	1.239 2	化学原料及化学制品制造业	基础化工——农用化工——农药	兽药、有机化学农药	1997-04-08
184	600803.SH	新奥股份	1.174 1	1.185 4	化学原料及化学制品制造业	基础化工——农用化工——农药	兽药、有机化学农药	1994-01-03
185	600844.SH	丹化科技	1.359 3	1.414 9	化学原料及化学制品制造业	基础化工——化学制品——其他化学制品	有机化工原料	1994-03-11
186	600985.SH	雷鸣科化	0.931 7	1.056 0	化学原料及化学制品制造业	基础化工——化学制品——民爆用品	化学矿、火工产品、箱板纸	2004-04-28

（续表）

序号	证券代码	证券简称	β值（最近60个月）2015.12.31	β值（最近60个月）2016.12.31	所属证监会行业分类名称	所属中信行业分类名称2016-12-31	主营产品类型	上市日期
187	601208.SH	东材科技		0.840 6	化学原料及化学制品制造业	基础化工——合成纤维及树脂——涤纶	高分子聚合物、合成纤维、涂料与油漆	2011-05-20
188	601216.SH	君正集团		1.057 2	化学原料及化学制品制造业	基础化工——化学原料——氯碱	半金属、高分子聚合物、无机化工原料	2011-02-22
189	601678.SH	滨化股份	1.096 9	0.994 9	化学原料及化学制品制造业	基础化工——化学原料——氯碱	建筑型材、无机化工原料、有机化工原料	2010-02-23
190	603002.SH	宏昌电子			化学原料及化学制品制造业	基础化工——合成纤维及树脂——树脂	高分子聚合物	2012-05-18
191	603010.SH	万盛股份			化学原料及化学制品制造业	基础化工——化学制品——其他化学制品	催化剂及化学助剂	2014-10-10
192	603026.SH	石大胜华			化学原料及化学制品制造业	基础化工——化学原料——其他化学原料	成品油、高分子聚合物、液化气	2015-05-29
193	603041.SH	美思德			化学原料及化学制品制造业	—	催化剂及化学助剂	2017-03-30
194	603067.SH	振华股份			化学原料及化学制品制造业	—	无机化工原料	2016-09-13
195	603077.SH	和邦生物			化学原料及化学制品制造业	基础化工——化学原料——纯碱	氮肥、无机化工原料	2012-07-31

(续表)

序号	证券代码	证券简称	β值(最近60个月)2015.12.31	β值(最近60个月)2016.12.31	所属证监会行业分类名称	所属中信行业分类名称 2016-12-31	主营产品类型	上市日期
196	603188.SH	亚邦股份			化学原料及化学制品制造业	基础化工——化学制品——印染化学品	染料及颜料	2014-09-09
197	603227.SH	雪峰科技			化学原料及化学制品制造业	基础化工——化学制品——民爆用品	火工产品	2015-05-15
198	603299.SH	井神股份			化学原料及化学制品制造业	基础化工——化学原料——无机盐	无机化工原料	2015-12-31
199	603330.SH	上海天洋			化学原料及化学制品制造业	—	其他化学品	2017-02-13
200	603360.SH	百傲化学			化学原料及化学制品制造业	—	化学试剂	2017-02-06
201	603585.SH	苏利股份			化学原料及化学制品制造业	—	有机化工原料	2016-12-14
202	603599.SH	广信股份			化学原料及化学制品制造业	基础化工——农用化工——农药	农药中间体、有机化学农药	2015-05-13
203	603630.SH	拉芳家化			化学原料及化学制品制造业	—	洗漱用品	2017-03-13
204	603639.SH	海利尔			化学原料及化学制品制造业	—	农药中间体、有机化学农药	2017-01-12

（续表）

序号	证券代码	证券简称	β值（最近60个月）2015.12.31	β值（最近60个月）2016.12.31	所属证监会行业分类名称	所属中信行业分类名称 2016-12-31	主营产品类型	上市日期
205	603737.SH	三棵树			化学原料及化学制品制造业	基础化工——化学制品——涂料涂漆	涂料与油漆	2016-06-03
206	603822.SH	嘉澳环保			化学原料及化学制品制造业	基础化工——化学制品——塑料制品	催化剂及化学助剂	2016-04-28
207	603823.SH	百合花			化学原料及化学制品制造业	—	涂料与油漆	2016-12-20
208	603928.SH	兴业股份			化学原料及化学制品制造业	—	有机化工原料	2016-12-12
209	603968.SH	醋化股份			化学原料及化学制品制造业	基础化工——化学制品——日用化学品	催化剂及化学助剂、农药中间体、食品添加剂	2015-05-18
210	603977.SH	国泰集团			化学原料及化学制品制造业	—	火工产品	2016-11-11

数据来源：Wind资讯

附录 C　Wind 金融资讯终端使用说明

1. 数据浏览器使用介绍

1.1　概述

数据浏览器是进行股票、债券、基金等交易品种的个性化数据报表，并可支持对相应数据的统计、排序、筛选等操作的专业数据工具。

根据面向的交易品种不同，可分为股票数据浏览器、债券数据浏览器、基金数据浏览器、商品数据浏览器、指数数据浏览器等。由于不同品种的数据浏览器操作方法类似，下面以股票数据浏览器为例进行相应介绍。

1.2　数据浏览器用途

1）取与导出数据

用户可在系统板块或用户自定义的板块范围内，针对总计 3 000 余项系统提供的指标或自定义指标进行参数设置，制作出符合条件的数据报表。提取的数据结果，可导出为 Excel 文件，并支持按函数导出，方便更新。

2）数据统计

用户可对提取的数据结果进行统计，包括整体统计和分组统计。

3）数据筛选

用户可以对提取的数据结果进行筛选，并将筛选后的结果保存为板块。

4）历史时序

用户可以对提取的数据结果进行历史时序对比。

1.3　如何使用数据浏览器

案例：同一行业中不同上市公司财务指标比较分析

"股票——多维数据——数据浏览器"，双击进入；或在右下角搜索精灵输入简写代码 EDE。

（1）在左下区域的板块树中，双击选择板块。可选择系统板块，也可选择自定义板块，还可直接输入证券代码。这里列举"CSRC 货币金融服务"行业分类。

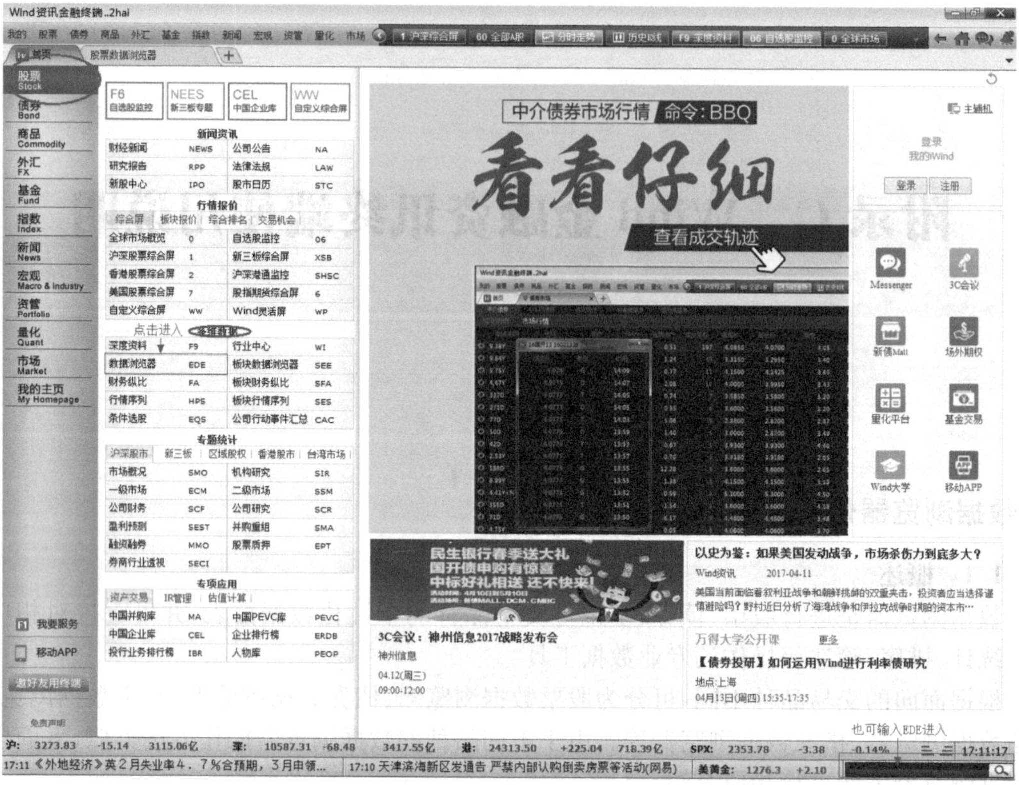

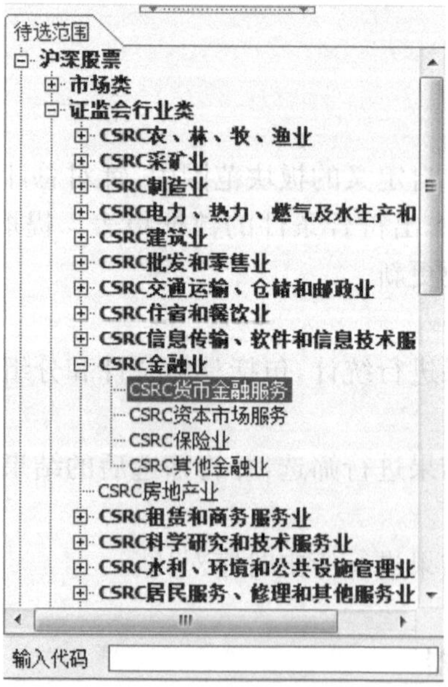

（如果要添加其他行业到当前页面，勾选功能按钮“添加板块到当前页”，如不勾选，则添加到新页面）

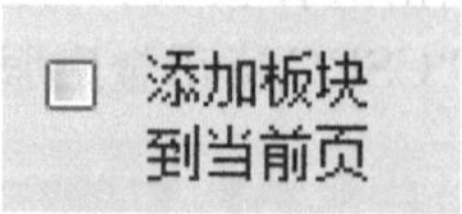

(2) 在左上区域的指标树中，双击选择指标，也可在搜索框中按指标的拼音首字母对指标进行检索。

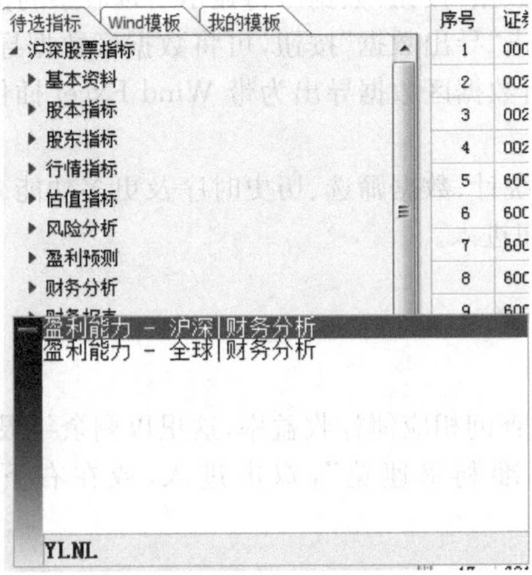

可以在指标树中用鼠标右键点击相应的指标查看该指标的详细帮助。

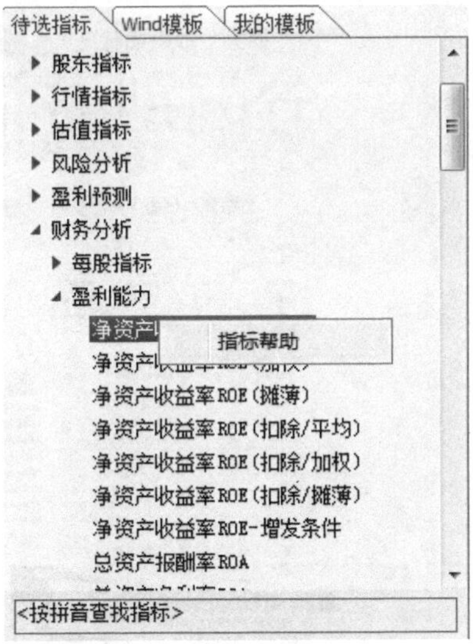

(3) 如果指标带参数，将弹出参数编辑器，选择参数确定即可。如勾选“添加指标使用默认参数”，将不弹出参数编辑器，直接使用系统参数。

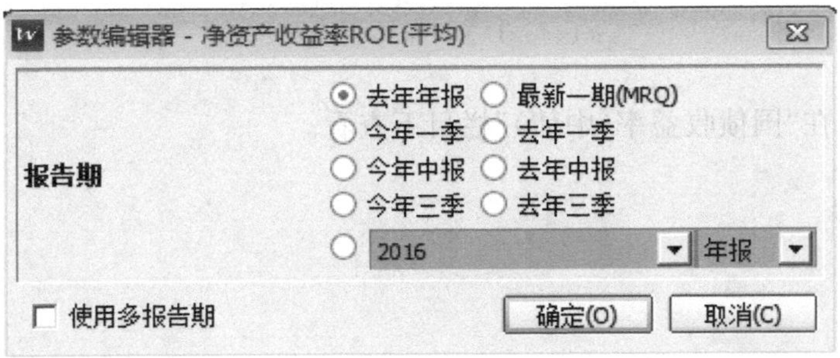

（点击“保存模板”按钮可将选择的指标及参数保存为模板。选择“我的模板”和“Wind模板”中的模板直接调用）

（4）点击左上角“提取数据”按钮，数据区将显示所选股票的指标数据。

（5）若要导出数据，点击“导出数据”按钮，可将数据区数据导出为 Excel 文件，点击“导出 EXCEL 函数”按钮，可将数据区数据导出为带 Wind Excel 插件函数的文件，方便再次打开时更新数据。

注：数据区设置、数据统计、数据筛选、历史时序及更多功能介绍，详请参考数据浏览器页面右上角“使用帮助”按钮进入。

2. 无风险利率查询

根据研究的需要，可以查询相应债券收益率，这里以剩余年限超过 10 年的举例说明。

“债券—交易资讯—基准利率速览”，双击进入，或在右下角搜索精灵输入简写代码 MIO。

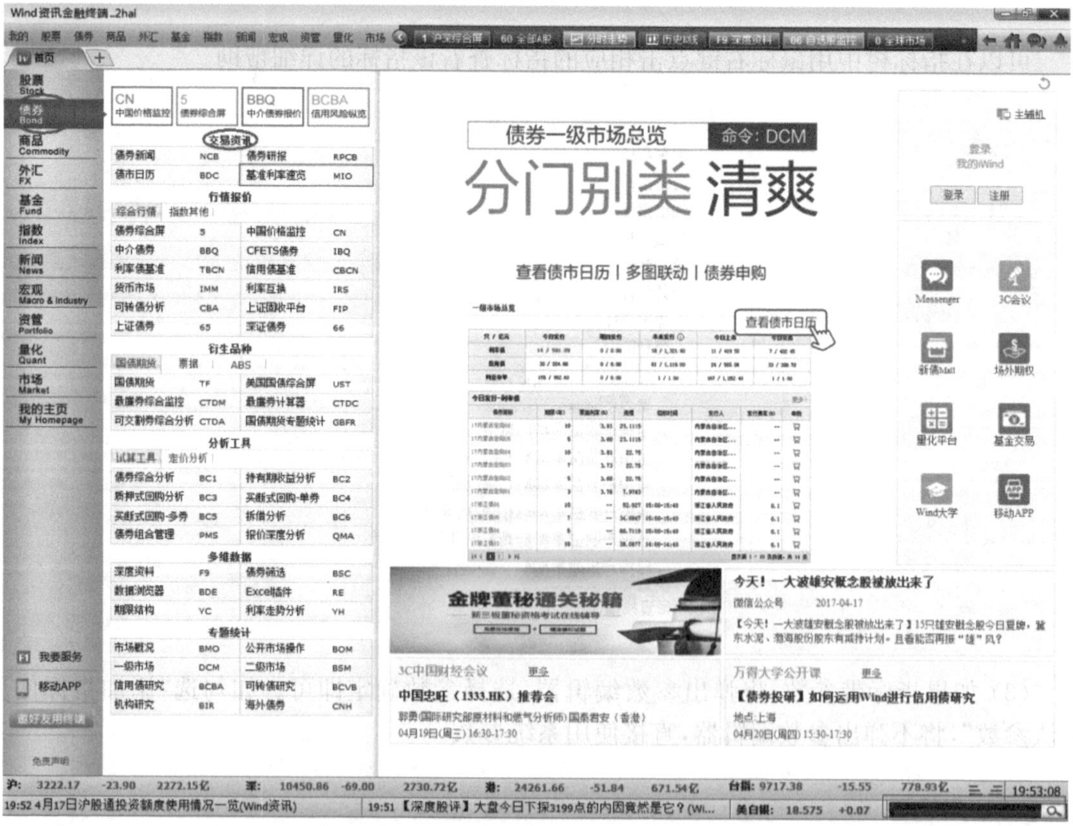

进入后，可以在“国债收益率（中债）”栏目下查看。

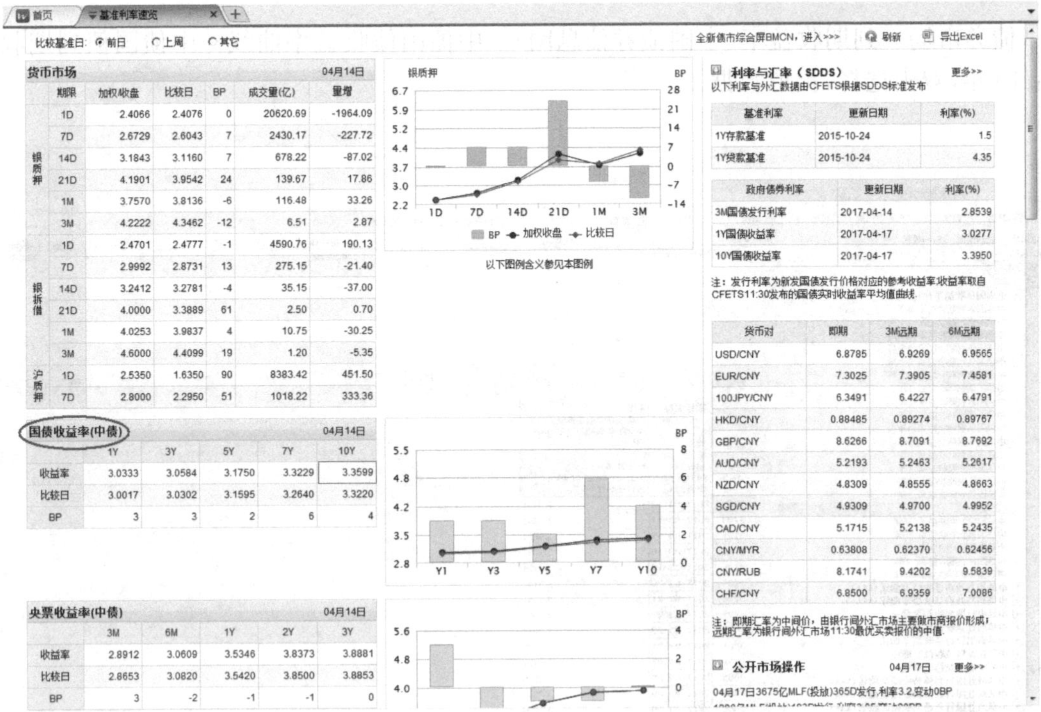

此外，也可以进入“利率走势分析”板块进行查询，“债券—多维数据—利率走势分析”，双击进入，或在右下角搜索框输入 YH。

债券市场—到期收益率(中国债券信息网)－中债国债收益率曲线—中债国债到期收益率：10 年，双击选择，提取数据。

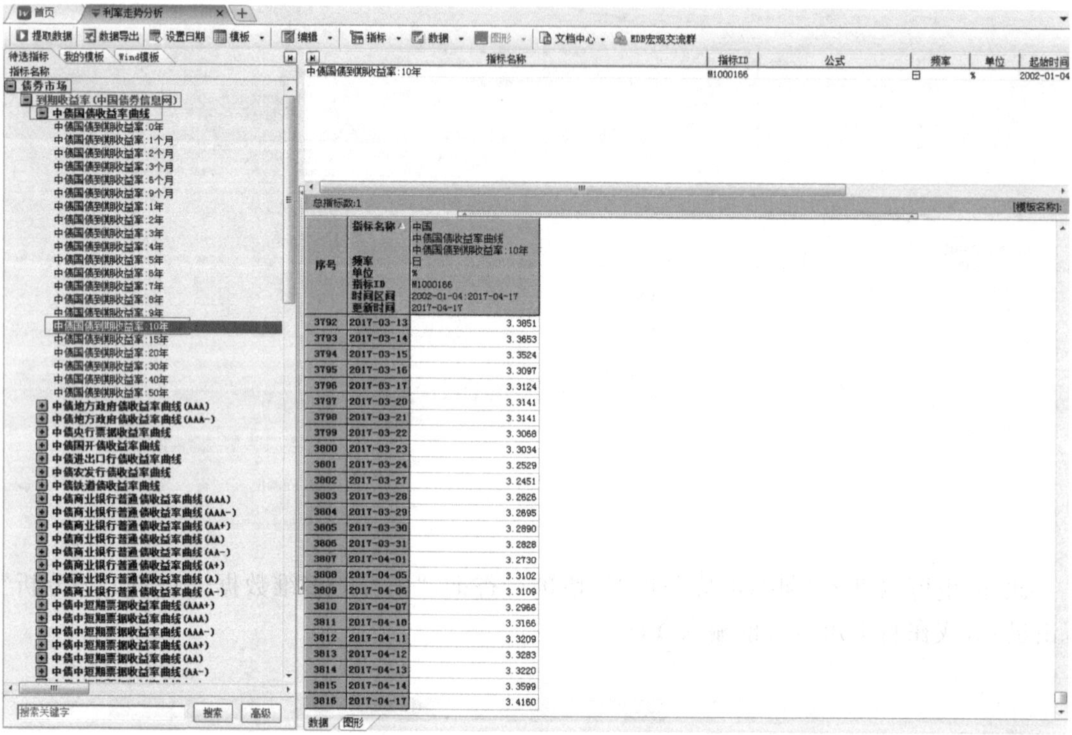

还可使用上方的功能按钮进行数据处理。

3. β 计算器使用说明

选择“股票—专项应用—估值计算—β 计算器”，双击进入；或在右下角搜索精灵输入简写代码 BETA。

计算器页面分为上、下两个页面；可以实现对单公司、行业(多公司)的 β 指标的计算。

计算器的上半部分，主要用来输入数据及输出计算结果；下半部分为相应的图形或数据。右上角有使用说明，使用“导出到 Excel”可将图形和数据导出到 Excel 中。

3.1 单公司 β

第一步：设置参数。

(1) 股票代码，可直接输入代码，也可通过点击  在相应板块中来选择。

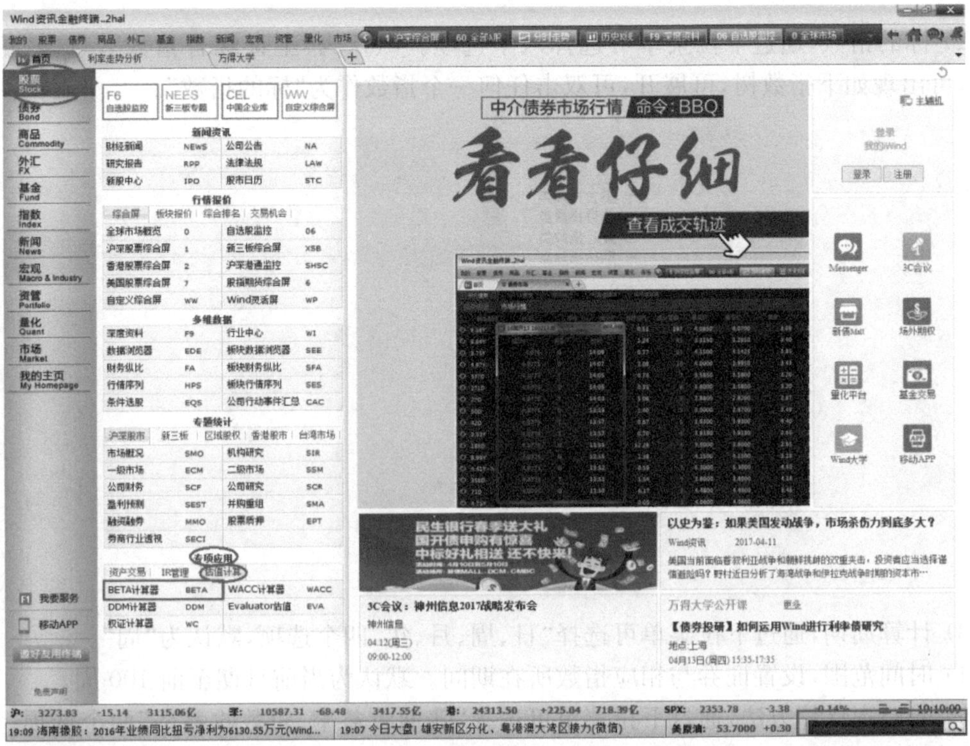

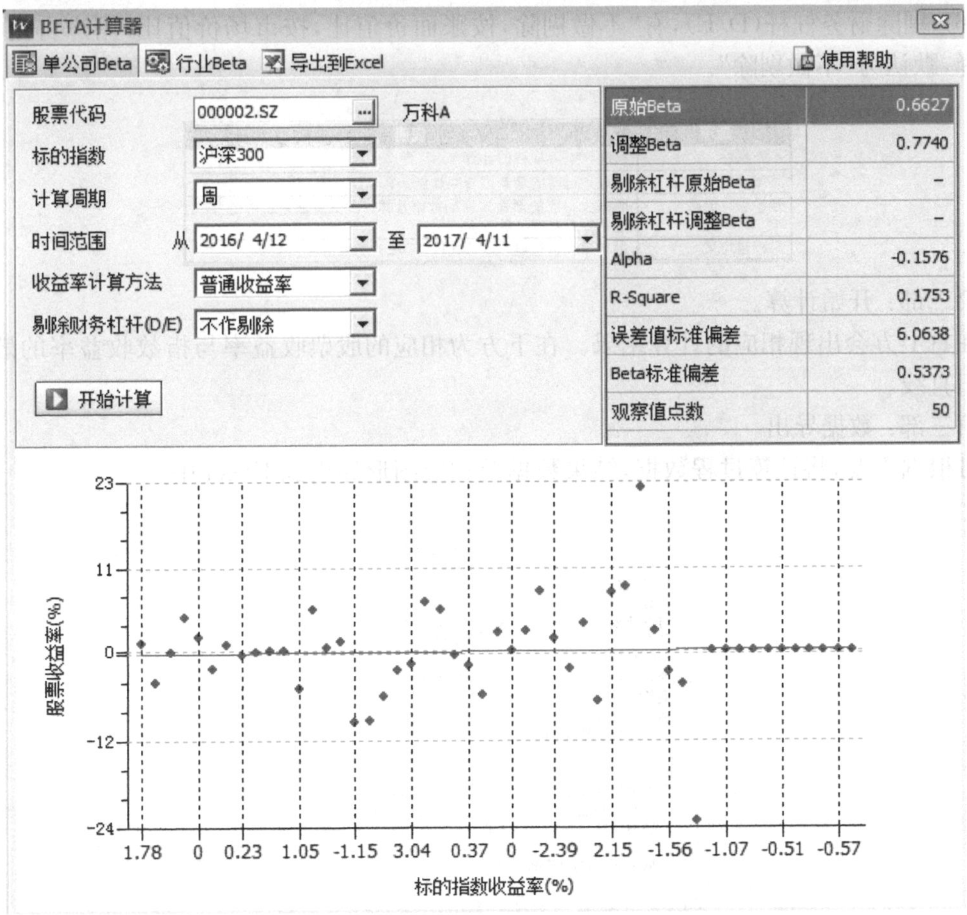
BETA计算器
单公司Beta
行业Beta
导出到Excel
使用帮助
股票代码
000002.SZ
万科A
标的指数
沪深300
计算周期
周
时间范围
从
2016/ 4/12
至
2017/ 4/11
收益率计算方法
普通收益率
剔除财务杠杆(D/E)
不作剔除
开始计算
原始Beta
0.6627
调整Beta
0.7740
剔除杠杆原始Beta
-
剔除杠杆调整Beta
-
Alpha
-0.1576
R-Square
0.1753
误差值标准偏差
6.0638
Beta标准偏差
0.5373
观察值点数
50
股票收益率(%)
标的指数收益率(%)

(2) 标的指数,通过下拉菜单可选择八个选项。默认为“上证综合指数”,点击“更多指数”后,可出现如下指数树,可展开,可双击任何一个指数作为“标的指数”。

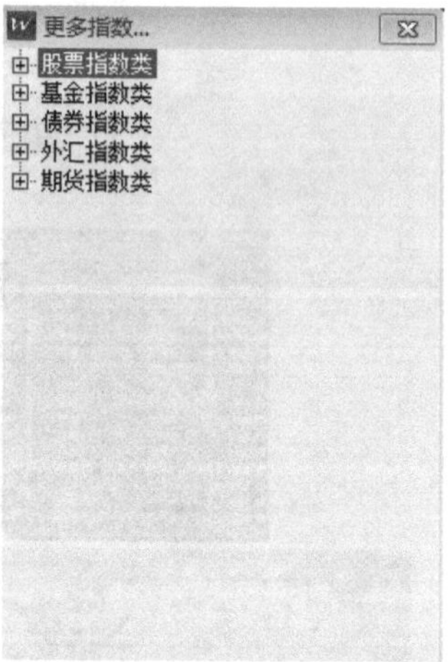

(3) 计算周期,通过下拉菜单可选择“日、周、月、年”四个选项,默认为“周”。

(4) 时间范围,设置证券与相应指数所在期间。默认为当前日期至前100周。

(5) 收益率计算方法,通过下拉菜单可选择“普通收益率、对数收益率”两个选项。默认为普通收益率。

(6) 剔除财务杠杆(D/E),有“不做剔除,按账面价值比,按市场价值比,用户自定义”四种选择,默认为“不做剔除”。

选项	说明
不作剔除	不进行剔除杠杆的计算
按账面价值比	取截止日前的最新报告期数据计算
按市场价值比	取截止日前的最新报告期数据计算,尤其要注意总市值要取最新报告期对应的数据
用户自定义	用户可以自行输入财务杠杆(D/E)的数值

第二部:开始计算。

在右上方会出现相应的计算结果。在下方为相应的股票收益率与指数收益率的散点图及回归直线。

第三部:数据导出。

可根据需要,将计算过程数据,结果数据及相应图形导出到Excel中。

	A	B	C	D	E
1	代码		000002.SZ		
2	简称		万科A		
3	标的指数		000300.SH		
4	计算周期		周		
5	时间范围	从	2016/4/14	至	2017/4/13
6	收益率计算方法		普通收益率		
7	剔除财务杠杆(D/E)		不作剔除		
8	原始beta		0.6627		
9	调整Beta		0.774		
10	剔除杠杆原始Beta		—		
11	剔除杠杆调整Beta		—		
12	Alpha		-0.1576		
13	R平方		0.1753		
14	误差值标准偏差		6.0638		
15	Beta标准偏差		0.5373		
16	观察值点数		50		
17					
18	数据来源:Wind资讯				
19					

计算结果 过程数据 Sheet3

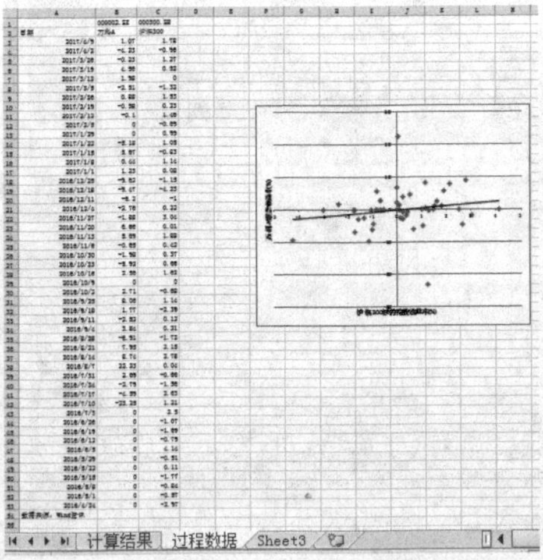

3.2　行业 Beta

行业 Beta 的使用方法和单公司 Beta 类似，不一一叙述。

加权方式：

(1) 等权重指权重相等，做算术平均。

(2) 按总股本加权，选择截止日的总股本进行加权。

(3) 按总市值加权，选择截止日的总市值进行加权。

其中，总市值(人民币) = 收盘价(不复权) × 人民币外汇牌价 × 总股本

特别值得注意的是，当板块中成分的行情数据短于设定的时间范围时，将不包含在行业 Beta 的计算中。

4. 行业研究

WFT 特色模块讲解案例。

4.1　财经新闻

我们对当天的重要新闻进行分门别类的汇总，用最短的时间获取最大的信息量，特别是“每日简报”里的各类简报，为万得原创，每天早上 8:00 左右更新。

4.2　行业经济新闻

除当日的财经新闻外，您可能还会关注本行业的最新动向。“行业经济新闻”对各种行业的及时动态页进行了很好的梳理。

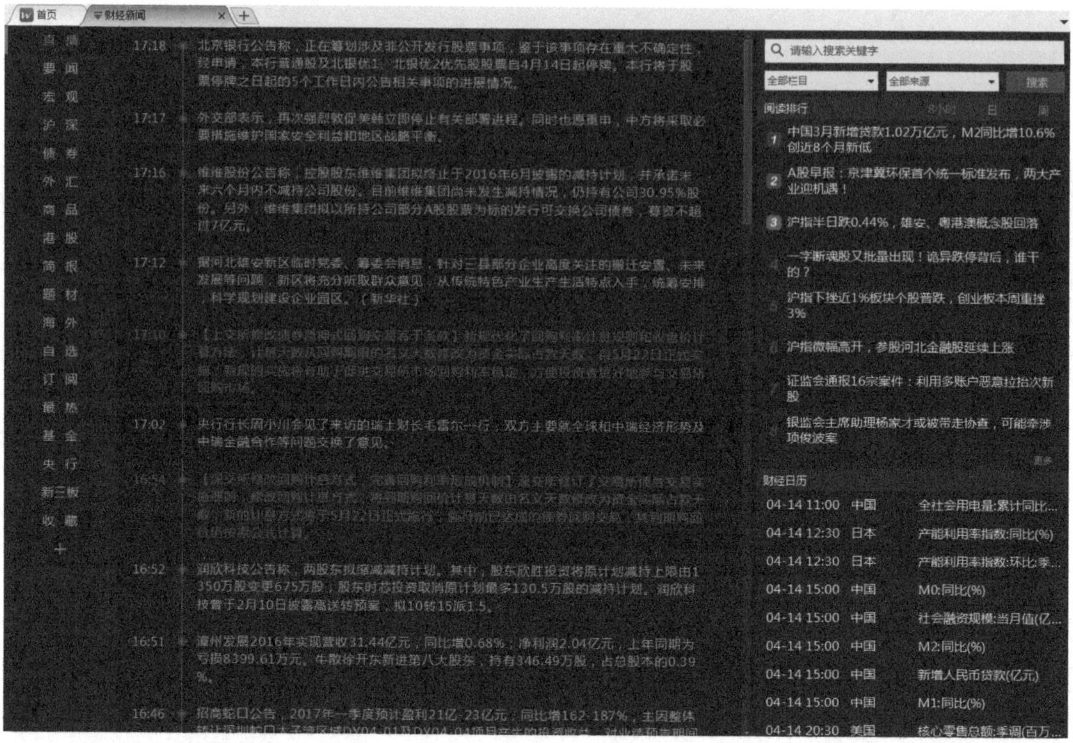
首页
财经新闻
直播
要闻
宏观
沪深
债券
外汇
商品
港股
简报
题材
海外
自选
订阅
最热
基金
央行
新三板
收藏
请输入搜索关键字
全部栏目
全部来源
搜索
阅读排行
中国3月新增贷款1.02万亿元，M2同比增10.6% 创近8个月新低
A股早报：京津冀环保首个统一标准发布，两大产业迎机遇！
沪指半日跌0.44%，雄安、粤港澳概念股回落
一字断魂股又批量出现！诡异跌停背后，谁干的？
沪指下挫近1%板块个股普跌，创业板本周重挫3%
沪指微幅高开，参股河北金融股延续上涨
证监会通报16宗案件：利用多账户恶意拉抬次新股
银监会主席助理杨家才或被带走协查，可能牵涉项俊波案
财经日历
04-14 11:00 中国 全社会用电量:累计同比...
04-14 12:30 日本 产能利用率指数:同比(%)
04-14 12:30 日本 产能利用率指数:环比:季...
04-14 15:00 中国 M0:同比(%)
04-14 15:00 中国 社会融资规模:当月值(亿...
04-14 15:00 中国 M2:同比(%)
04-14 15:00 中国 新增人民币贷款(亿元)
04-14 15:00 中国 M1:同比(%)
04-14 20:30 美国 核心零售总额:季调(百万...

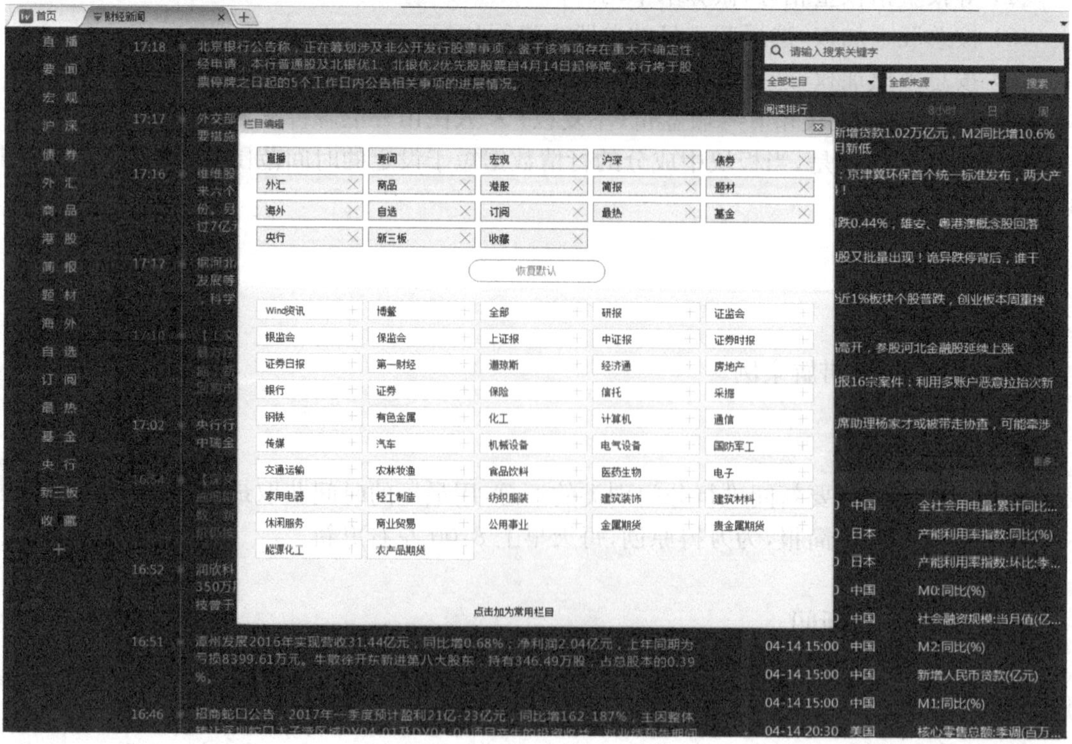
栏目编辑
直播
要闻
宏观
沪深
债券
外汇
商品
港股
简报
题材
海外
自选
订阅
最热
基金
央行
新三板
收藏
恢复默认
Wind资讯
博鳌
全部
研报
证监会
银监会
保监会
上证报
中证报
证券时报
证券日报
第一财经
道琼斯
经济通
房地产
银行
证券
保险
信托
采掘
钢铁
有色金属
化工
计算机
通信
传媒
汽车
机械设备
电气设备
国防军工
交通运输
农林牧渔
食品饮料
医药生物
电子
家用电器
轻工制造
纺织服装
建筑装饰
建筑材料
休闲服务
商业贸易
公用事业
金属期货
贵金属期货
能源化工
农产品期货
点击加为常用栏目

4.3　公司公告

对于您关注的本行业上市公司的最新公告，“公司公告”对各种行业的上市公司的每日最新公告及时动态进行了很好的汇总。

4.4　综合屏 0—4

综合屏 0—4 方便您实时了解国际国内各类指数及成分股的股价变化，并且通过左侧的栏目树切换，方便您及时查看其他市场的实时行情情况。

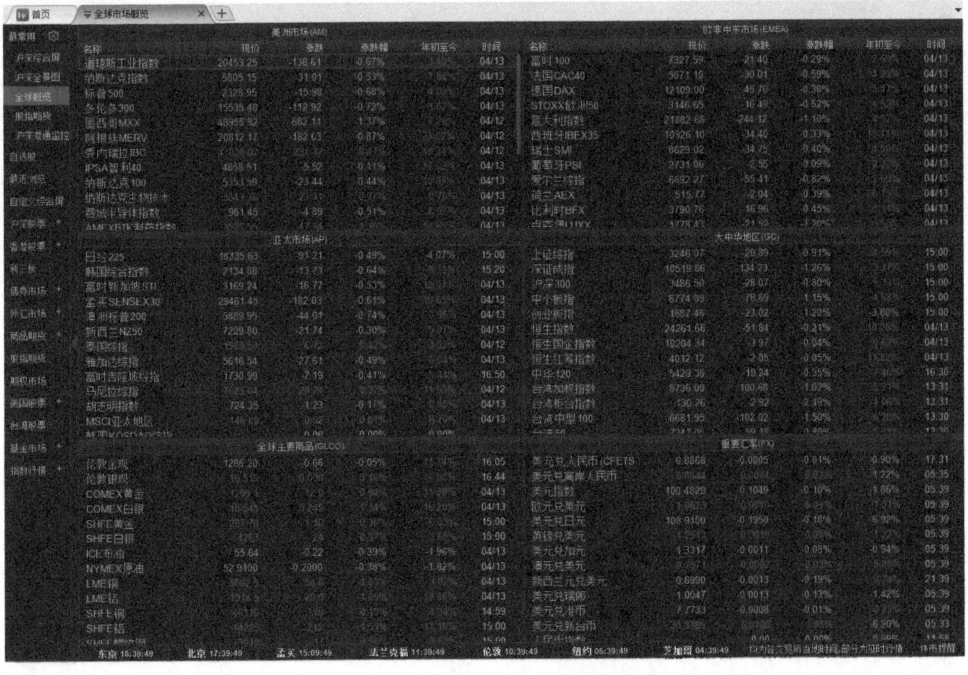

4.5 行情报价 F5

能及时监控股价变化、资金流向、估值、基本面数据等。

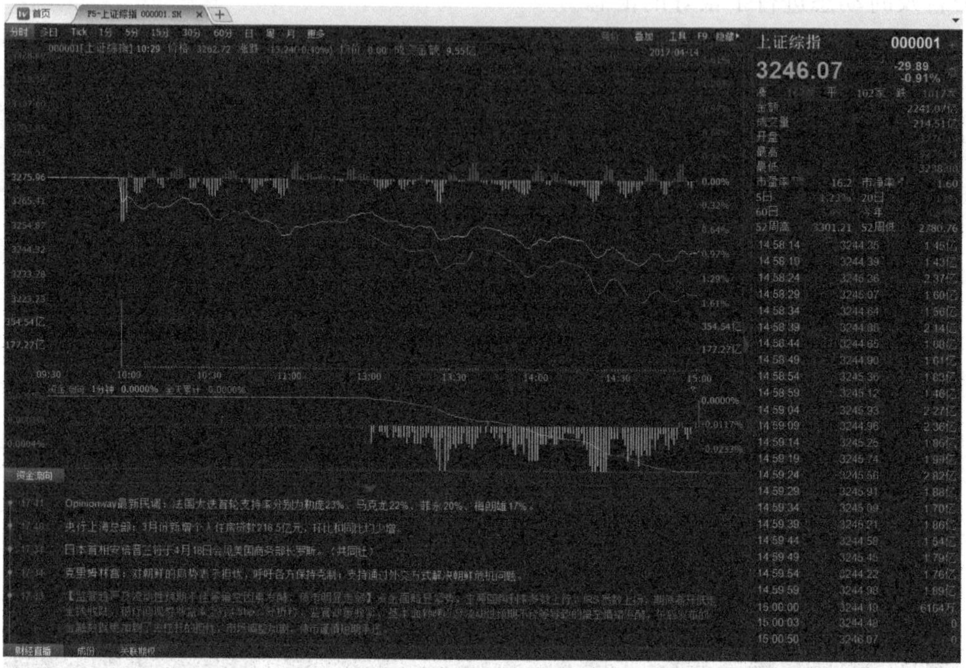

4.6 深度资料 F9

这是上市公司的数据字典,方便您准确、及时、全面地了解上市公司的最新变化,可以从五个方面重点了解您所关注的公司(公司基本资料、财务数据、盈利预测与研究报告、新闻公告与情报、行业比较)。

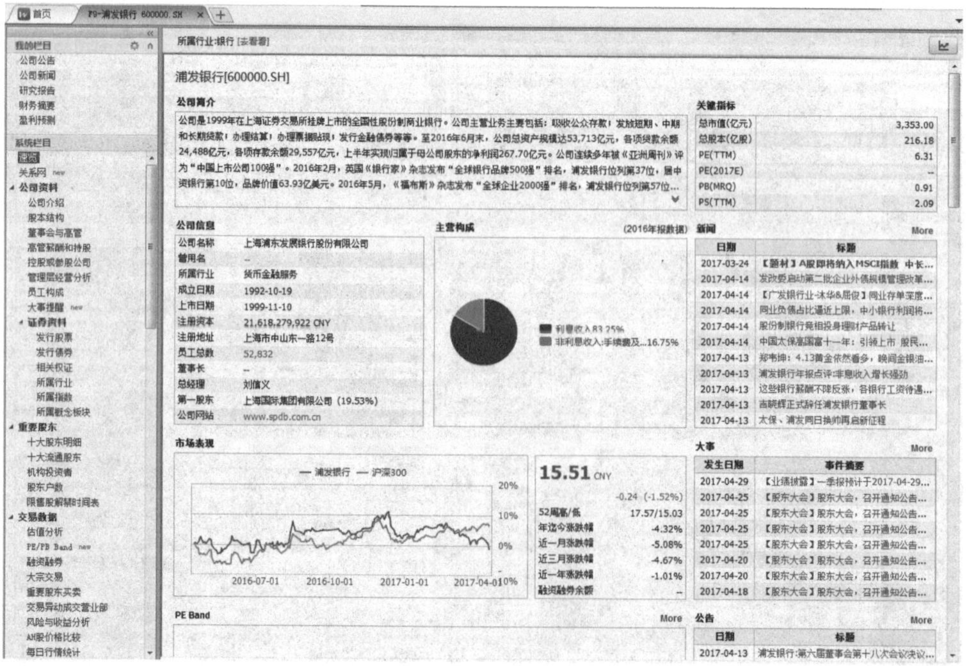

4.7　多维数据：数据浏览器＋财务纵比＋行情序列＋Excel 插件

1）数据浏览器

权威的 Wind 资讯指标体系，最全的市场分类系统满足不同需求的数据挖掘需求，对于提取的数据进行排序、统计、筛选等功能，可以对数据进行预先处理，更大限度地满足数据提取、加工的需求。

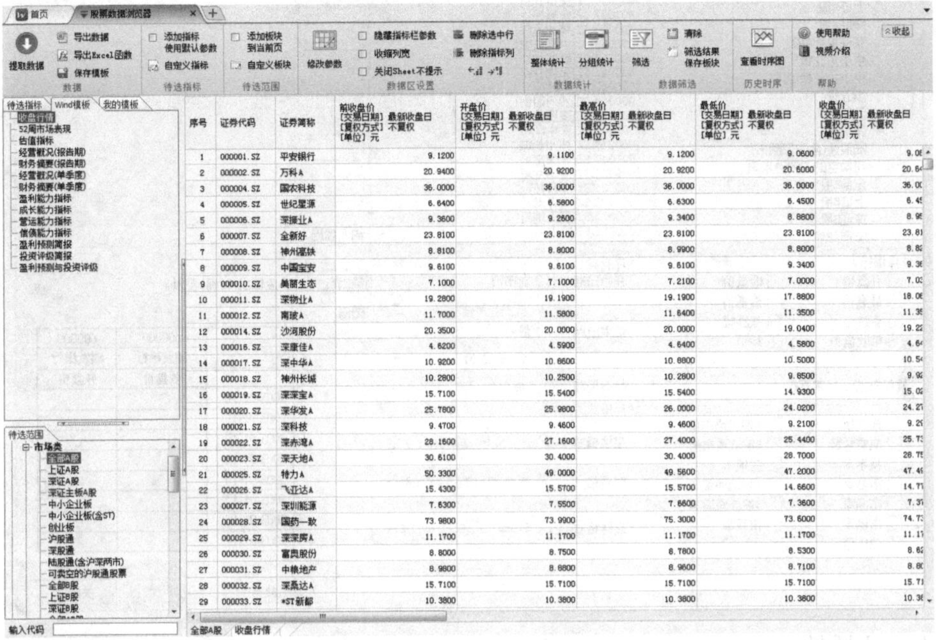

2）财务纵比

可从盈利能力、收益质量、资本结构、偿债能力、营运能力等多角度对某个或某批公司进行纵向对比分析，从而甄别上市公司业绩的好坏。

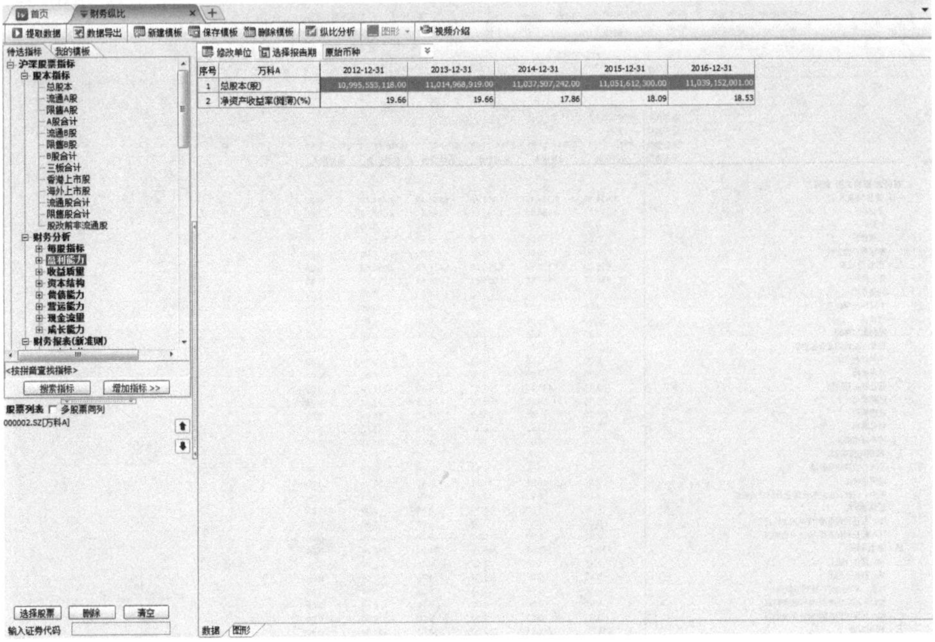

3）行情序列

可批量提取多公司的市场指标，还可自由设定时间范围、文件格式及文件输出方式。

4）Excel插件

数据提取、指标运算、模板加工等基本功能，可以快速提高工作效率，提升数据处理质量。

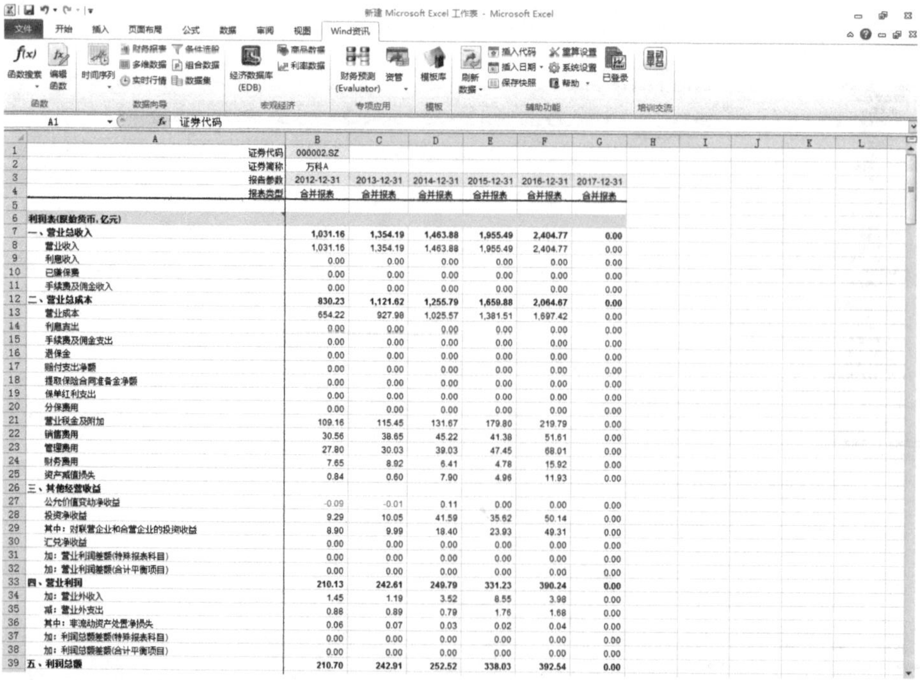

	A	B	C	D	E	F	G
1	证券代码	000002.SZ					
2	证券简称	万科A					
3	报告参数	2012-12-31	2013-12-31	2014-12-31	2015-12-31	2016-12-31	2017-12-31
4	报表类型	合并报表	合并报表	合并报表	合并报表	合并报表	合并报表
5							
6	利润表(原始货币，亿元)						
7	一、营业总收入	1,031.16	1,354.19	1,463.88	1,955.49	2,404.77	0.00
8	营业收入	1,031.16	1,354.19	1,463.88	1,955.49	2,404.77	0.00
9	利息收入	0.00	0.00	0.00	0.00	0.00	0.00
10	已赚保费	0.00	0.00	0.00	0.00	0.00	0.00
11	手续费及佣金收入	0.00	0.00	0.00	0.00	0.00	0.00
12	二、营业总成本	830.23	1,121.62	1,255.79	1,659.88	2,064.67	0.00
13	营业成本	654.22	927.98	1,025.57	1,381.51	1,697.42	0.00
14	利息支出	0.00	0.00	0.00	0.00	0.00	0.00
15	手续费及佣金支出	0.00	0.00	0.00	0.00	0.00	0.00
16	退保金	0.00	0.00	0.00	0.00	0.00	0.00
17	赔付支出净额	0.00	0.00	0.00	0.00	0.00	0.00
18	提取保险合同准备金净额	0.00	0.00	0.00	0.00	0.00	0.00
19	保单红利支出	0.00	0.00	0.00	0.00	0.00	0.00
20	分保费用	0.00	0.00	0.00	0.00	0.00	0.00
21	营业税金及附加	109.16	115.45	131.67	179.80	219.79	0.00
22	销售费用	30.56	38.65	45.22	41.38	51.61	0.00
23	管理费用	27.80	30.03	39.03	47.45	68.01	0.00
24	财务费用	7.65	8.92	6.41	4.78	15.92	0.00
25	资产减值损失	0.84	0.60	7.90	4.96	11.93	0.00
26	三、其他经营收益						
27	公允价值变动净收益	-0.09	-0.01	0.11	0.00	0.00	0.00
28	投资净收益	9.29	10.05	41.59	35.62	50.14	0.00
29	其中：对联营企业和合营企业的投资收益	8.90	9.99	18.40	23.93	49.31	0.00
30	汇兑净收益	0.00	0.00	0.00	0.00	0.00	0.00
31	加：营业利润差额(特殊报表科目)	0.00	0.00	0.00	0.00	0.00	0.00
32	加：营业利润差额(合计平衡项目)	0.00	0.00	0.00	0.00	0.00	0.00
33	四、营业利润	210.13	242.61	249.79	331.23	390.24	0.00
34	加：营业外收入	1.45	1.19	3.52	8.55	3.98	0.00
35	减：营业外支出	0.88	0.89	0.79	1.76	1.68	0.00
36	其中：非流动资产处置净损失	0.06	0.07	0.03	0.02	0.04	0.00
37	加：利润总额差额(特殊报表科目)	0.00	0.00	0.00	0.00	0.00	0.00
38	加：利润总额差额(合计平衡项目)	0.00	0.00	0.00	0.00	0.00	0.00
39	五、利润总额	210.70	242.91	252.52	338.03	392.54	0.00

4.8　板块分析：板块数据浏览器、板块行情序列、板块财务纵比

当从横向、纵向角度计算某个板块的财务指标、估值指标、风险指标、市场指标时，板块分析可节约您大量运算时间。

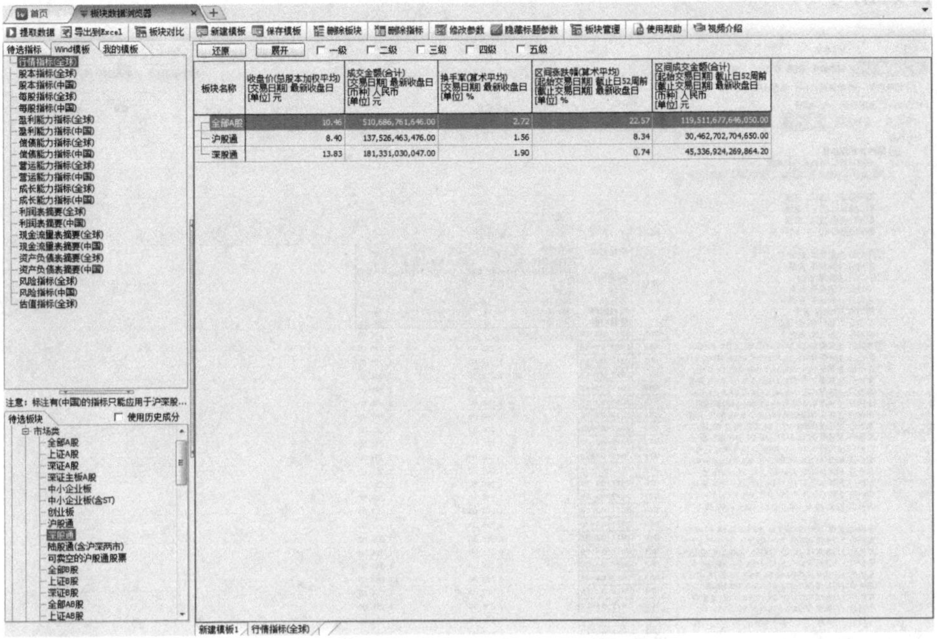

4.9　专题统计报表

当您在看某类事件型数据，就可以从整理好的报表中一目了然地获取您要的结果。

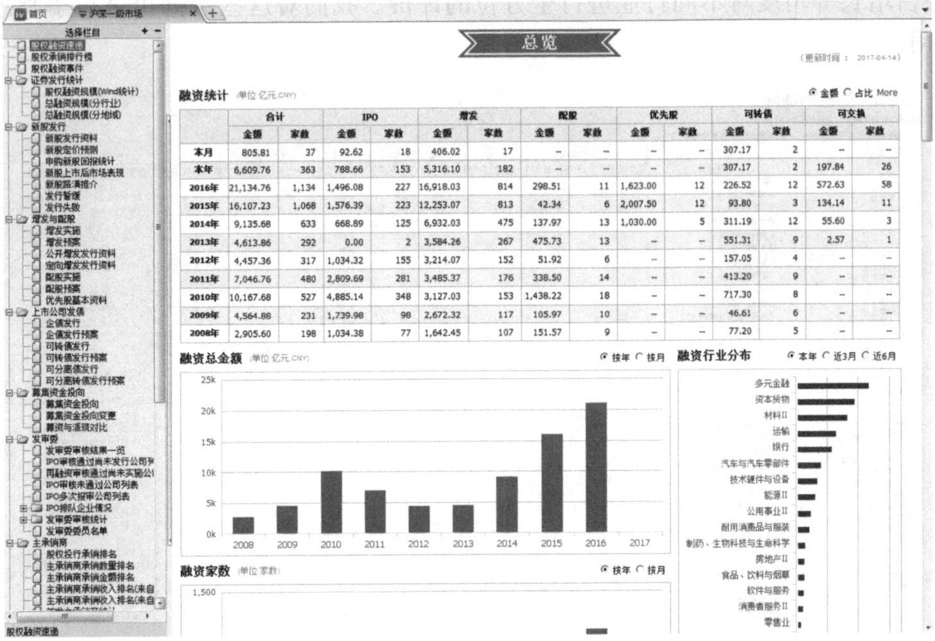

4.10 宏观行业

1）经济数据库——行业经济数据

目前提供三大产业 23 个细分行业的价格、产销量、产能、进出口、行业财务指标及上市公司经营数据等。

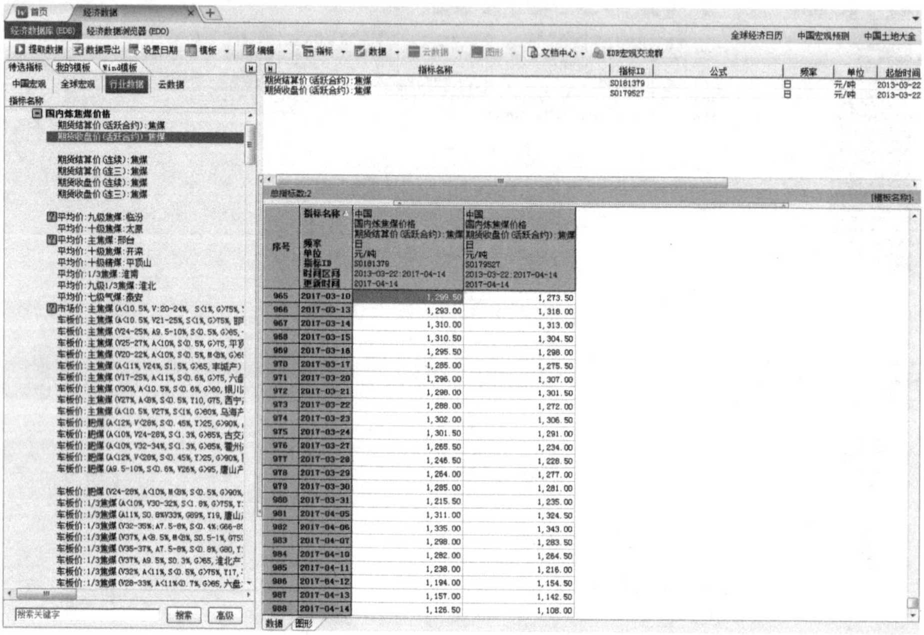

2）专题统计报表——企业绩效评价标准值

国资委每年都会提供全社会各行业的绩效评价指标，分别从盈利能力、资产质量、债务风险、经营增长等角度对不同行业进行全方位的评价。我们对这些数据也进行了整理，便于查询使用。

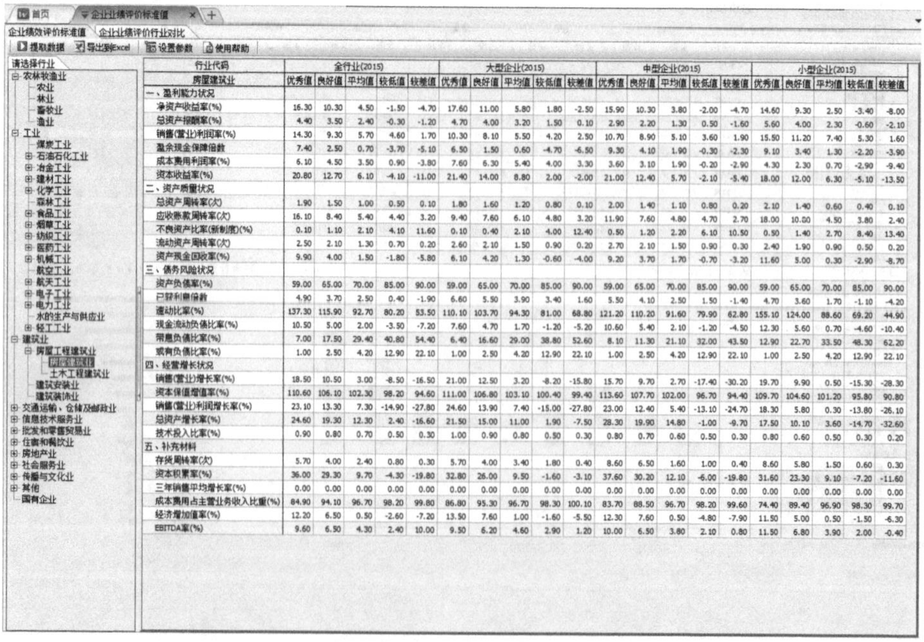